ALFREDO **BOULOS** JÚNIOR

História
Sociedade & Cidadania

4

Agradeço aos que acenderam em mim o desejo de aprender e ensinar.
Agradeço também àqueles que me apaixonaram pela palavra escrita e pela imagem.
Por fim, agradeço em especial a vocês, professores e alunos, que, com palavras, gestos, olhares e silêncios, fizeram de mim um autor.
Alfredo Boulos Júnior

ALFREDO BOULOS JÚNIOR

Doutor em Educação (área de concentração: História da Educação)
pela Pontifícia Universidade Católica de São Paulo.
Mestre em Ciências (área de concentração: História Social) pela Universidade de São Paulo.
Lecionou na rede pública e particular e em cursinhos pré-vestibulares.
É autor de coleções paradidáticas.
Assessorou a Diretoria Técnica da Fundação para o Desenvolvimento da Educação – São Paulo.

FTD

FTD

História, Sociedade & Cidadania – História – 4º ano
Copyright © Alfredo Boulos Júnior, 2018

Diretor editorial	Lauri Cericato
Diretora editorial adjunta	Silvana Rossi Júlio
Gerente editorial	Natália Taccetti
Editora	Deborah D'Almeida Leanza
Editor assistente	Guilherme Reghin Gaspar
Assessoria	Rui C. Dias
Gerente de produção editorial	Mariana Milani
Coordenador de produção editorial	Marcelo Henrique Ferreira Fontes
Gerente de arte	Ricardo Borges
Coordenadora de arte	Daniela Máximo
Projeto gráfico	Juliana Carvalho
Projeto de capa	Sergio Cândido
Foto de capa	Tom Chance/Getty Images
Supervisor de arte	Vinicius Fernandes
Editoras de arte	Julia Nakano, Lye Nakagawa
Tratamento de imagens	Ana Isabela Pithan Maraschin, Eziquiel Racheti
Coordenadora de ilustrações e cartografia	Marcia Berne
Ilustrações	Alex Rodrigues, Amanda Grazini/Conexão, Bruna Assis Brasil, Getulio Delphim, Leninha Lacerda, Marcelo Camacho/Conexão, Mozart Couto, Osnei, Osvaldo Sequetin, Rmatias
Cartografia	Alexandre Bueno, Allmaps, Dacosta Mapas, Maps World, Renato Bassani, Vespúcio Cartografia
Coordenadora de preparação e revisão	Lilian Semenichin
Supervisora de preparação e revisão	Viviam Moreira
Revisão	Adriana Périco, Camila Cipoloni, Carina de Luca, Célia Camargo, Felipe Bio, Fernanda Marcelino, Fernanda Rodrigues, Fernando Cardoso, Heloisa Beraldo, Iracema Fantaguci, Paulo Andrade, Pedro Fandi, Rita Lopes, Sônia Cervantes, Veridiana Maenaka
Supervisora de iconografia e licenciamento de textos	Elaine Bueno
Iconografia	Erika Neves do Nascimento, Daniel Cymbalista
Licenciamento de textos	Bárbara Clara
Supervisora de arquivos de segurança	Silvia Regina E. Almeida
Diretor de operações e produção gráfica	Reginaldo Soares Damasceno

Dados Internacionais de Catalogação na Publicação (CIP)
(Câmara Brasileira do Livro, SP, Brasil)

Boulos Júnior, Alfredo
 História sociedade & cidadania, 4º ano / Alfredo Boulos Júnior. – 2. ed. – São Paulo : FTD, 2018.

 ISBN 978-85-96-01647-6 (aluno)
 ISBN 978-85-96-01648-3 (professor)

 1. História (Ensino fundamental) I. Título.

18-15816   CDD-372.89

Índices para catálogo sistemático:
1. História : Ensino fundamental   372.89

1 2 3 4 5 6 7 8 9

Envidamos nossos melhores esforços para localizar e indicar adequadamente os créditos dos textos e imagens presentes nesta obra didática. No entanto, colocamo-nos à disposição para avaliação de eventuais irregularidades ou omissões de crédito e consequente correção nas próximas edições. As imagens e os textos constantes nesta obra que, eventualmente, reproduzam algum tipo de material de publicidade ou propaganda, ou a ele façam alusão, são aplicados para fins didáticos e não representam recomendação ou incentivo ao consumo.

Reprodução proibida: Art. 184 do Código Penal e Lei 9.610 de 19 de fevereiro de 1998.
Todos os direitos reservados à **EDITORA FTD**.

Rua Rui Barbosa, 156 – Bela Vista – São Paulo – SP
CEP 01326-010 – Tel. 0800 772 2300
Caixa Postal 65149 – CEP da Caixa Postal 01390-970
www.ftd.com.br
central.relacionamento@ftd.com.br

APRESENTAÇÃO

Querida professora, professor querido, queridos alunos,

Ler e escrever é, a nosso ver, compromisso de todas as áreas e não somente da Língua Portuguesa. É, portanto, também um compromisso da área de História. E esse compromisso nós assumimos estimulando a leitura e a escrita ao longo dos cinco livros desta coleção!

Nossa coleção nasceu de muitas conversas que tivemos com historiadores, editores e alfabetizadores, que entregaram sua vida ao sonho de ver uma criança descobrindo a escrita. Nasceu, também, das vivências com meus alunos, crianças e jovens de diferentes origens e lugares.

Com meus alunos aprendi que a minha missão de educador é estimulá-los a serem protagonistas na construção do conhecimento e despertar neles o desejo de conhecer todo dia e cada vez mais.

Aos meus alunos busquei mostrar a importância da educação do olhar, da construção de conceitos e do exercício constante da leitura e da escrita. E procurei também alertar para a importância de compreender sem julgar, pois à História não cabe julgar, mas sim compreender!

Por fim, a todos que ofereceram seu tempo e conhecimento para construir esta obra: ensaístas, editores, autores, colaboradores e professores dos anos iniciais do Ensino Fundamental, em cujos olhos eu vi um olhar amoroso voltado à criança, meu **muito obrigado**.

Alfredo Boulos Júnior

Pelos momentos de reflexão e debates que tivemos sobre o ensino de História para o 4º ano quero agradecer com especial carinho as colegas:

Professora Mestra Ana de Sena Tavares Bezerra,
Professora Mestra Joísa Assumpção Fontoura de Abreu.

CONHEÇA SEU LIVRO

ABERTURA DE UNIDADE

O volume possui 4 unidades. As aberturas das unidades são compostas em página dupla e apresentam grande diversidade de imagens acompanhadas de algumas perguntas.

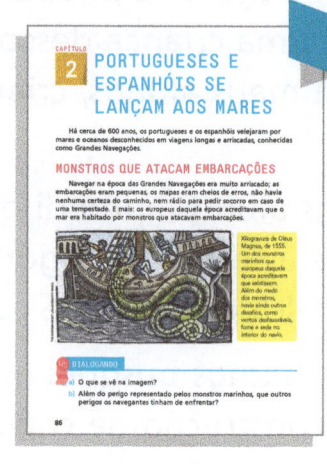

CAPÍTULOS

Cada unidade está dividida em capítulos, com imagens, textos e atividades que apresentam o conteúdo de um jeito divertido e interativo!

SEÇÕES ESPECIAIS

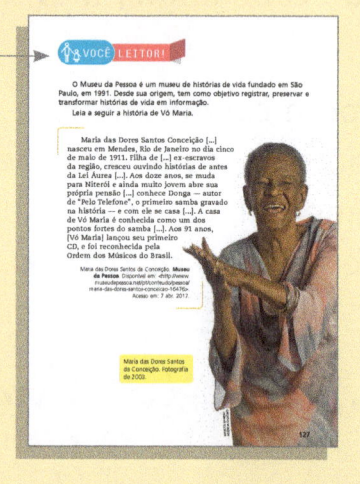

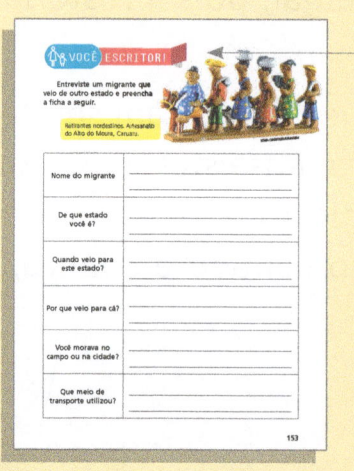

VOCÊ LEITOR! E VOCÊ ESCRITOR!

Elas são um convite para que você desenvolva duas atividades muito importantes e interessantes: a leitura de uma variedade de textos e imagens e os registros do que pensamos e aprendemos por meio da escrita, do desenho, da entrevista, entre outros.

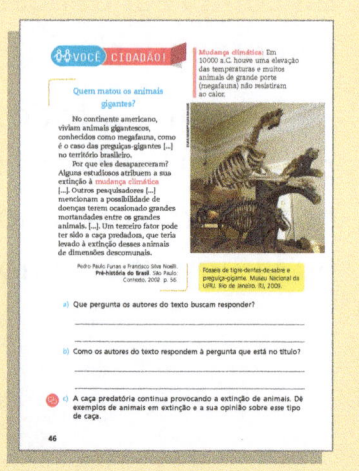

VOCÊ CIDADÃO!

Essa seção apresenta propostas para que as suas ações façam diferença no mundo! Vamos aprender juntos o que é ser um cidadão!

OUTRAS LEITURAS

Indicações de livros relacionados aos temas estudados.

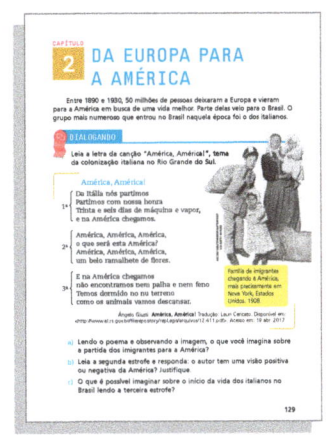

DIALOGANDO

Essa atividade traz oportunidades para você dialogar e trocar ideias com seus colegas, aprofundando o debate sobre o conteúdo que está sendo estudado.

MAPAS

Ao final do livro você vai encontrar alguns mapas para consulta, possibilitando que, aos poucos, você conheça um pouco mais sobre diferentes lugares do mundo.

ÍCONES

Estas imagens indicam a forma como você vai trabalhar as atividades:

- Responda em voz alta e troque ideias com os colegas e o professor!
- Indica que a atividade será feita com mais um colega.
- Agora será a vez de fazer a atividade com dois ou mais colegas. O professor ajuda a montar os grupos.
- Indica que a atividade será feita no caderno ou em folha avulsa.

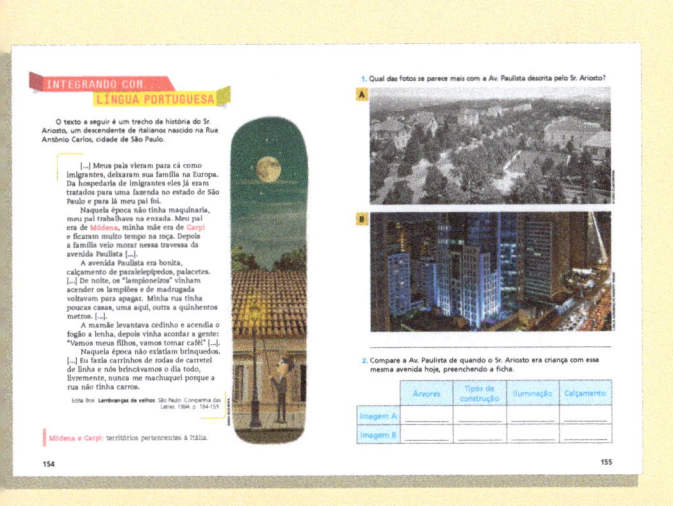

INTEGRANDO COM...

Já observou como Arte, Língua Portuguesa, Geografia, Matemática, Ciências e História dialogam o tempo todo? Pois bem, nas atividades de integração você vai usar o que aprendeu em pelo menos duas dessas disciplinas e perceber que há diferentes maneiras de olhar um assunto.

ATIVIDADES...

Nessa seção você encontrará uma série de atividades sobre o conteúdo que está sendo estudado em cada capítulo. É uma ótima oportunidade de retomar e aprofundar o entendimento de alguns conceitos e temas.

SUMÁRIO

UNIDADE 1 — MUDANÇAS E PERMANÊNCIAS ... 8

CAPÍTULO 1 • MUDANÇAS E PERMANÊNCIAS ... 10
- QUEM FAZ A HISTÓRIA? ... 13
- ATIVIDADES ... 14
- VOCÊ LEITOR! ... 16
- VOCÊ ESCRITOR! ... 17

CAPÍTULO 2 • TEMPO E PRIMEIROS TEMPOS ... 18
- O NOSSO CALENDÁRIO ... 18
  - ANTES E DEPOIS DE CRISTO ... 19
- LINHA DO TEMPO ... 19
- OS PRIMEIROS TEMPOS ... 20
  - CAÇADORES E COLETORES ... 20
  - O DOMÍNIO DO FOGO ... 21
- AGRICULTORES E PASTORES ... 22
  - AGRICULTURA E PASTOREIO: O QUE MUDOU? ... 22
- O DESENVOLVIMENTO DA METALURGIA ... 24
  - ATIVIDADES ... 26
  - VOCÊ LEITOR! ... 29
  - INTEGRANDO COM... LÍNGUA PORTUGUESA ... 30

UNIDADE 2 — CIRCULAÇÃO DE PESSOAS E COMUNICAÇÃO ENTRE ELAS ... 32

CAPÍTULO 1 • DA ÁFRICA PARA O MUNDO ... 34
- O POVOAMENTO DA AMÉRICA ... 34
  - DESCOBERTAS SOBRE A PRESENÇA HUMANA NA AMÉRICA ... 35
- OS HABITANTES DAS TERRAS ONDE HOJE É O BRASIL ... 37
  - CAÇADORES E COLETORES ... 39
  - AGRICULTORES E CERAMISTAS DA AMAZÔNIA ... 42
  - ATIVIDADES ... 43
  - VOCÊ LEITOR! ... 44
  - VOCÊ CIDADÃO! ... 46

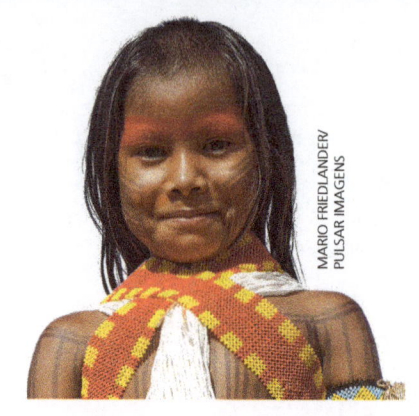

CAPÍTULO 2 • CIDADES DO PASSADO E DO PRESENTE ... 47
- CIDADES DO PASSADO ... 48
  - AS CIDADES MUDAM ... 49
  - AGRICULTURA, PASTOREIO E ARTESANATO ... 50
- OS POVOS ANTIGOS E O COMÉRCIO ... 51
  - OS ANTIGOS EGÍPCIOS E O COMÉRCIO ... 52
  - OS FENÍCIOS E O COMÉRCIO ... 53
  - ATIVIDADES ... 54
  - VOCÊ LEITOR! ... 55
  - VOCÊ ESCRITOR! ... 55

CAPÍTULO 3 • MEIOS DE COMUNICAÇÃO: PASSADO E PRESENTE ... 56
- A IMPRESSÃO DE LIVROS NA CHINA ... 58
- GUTENBERG E OS TIPOS MÓVEIS EM CHUMBO ... 58
- A IMPRENSA CHEGA AO BRASIL ... 59
- RÁDIO ... 61
  - A ÉPOCA DE OURO DO RÁDIO ... 61
- TELEVISÃO ... 62
- INTERNET ... 63
- CELULAR ... 64
  - ATIVIDADES ... 65
  - VOCÊ LEITOR! ... 67
  - INTEGRANDO COM... LÍNGUA PORTUGUESA ... 68

UNIDADE 3 — INDÍGENAS, PORTUGUESES E AFRICANOS NA FORMAÇÃO DO BRASIL ... 70

CAPÍTULO 1 • POVOS INDÍGENAS NO BRASIL ... 72
- DIFERENÇAS ENTRE OS INDÍGENAS ... 73
  - CADA POVO TEM UMA CULTURA ... 73
  - CADA POVO TEM SUA LÍNGUA ... 74

SEMELHANÇAS ENTRE OS INDÍGENAS 75
   A TERRA PARA OS INDÍGENAS TEM UM VALOR SAGRADO 75
   O TRABALHO É DIVIDIDO ENTRE HOMENS E MULHERES 76
INDÍGENAS E PORTUGUESES: ENCONTROS E DESENCONTROS 77
   OS TUPIS 77
   O ENCONTRO 78
   O DESENCONTRO 79
PALAVRAS INDÍGENAS USADAS PELOS BRASILEIROS NO DIA A DIA 80
   ATIVIDADES 81
   VOCÊ LEITOR! 84
   VOCÊ ESCRITOR! 85

CAPÍTULO 2 • PORTUGUESES E ESPANHÓIS SE LANÇAM AOS MARES ... 86
MONSTROS QUE ATACAM EMBARCAÇÕES 86
A MAGIA DAS ESPECIARIAS 87
O QUE LEVOU OS PORTUGUESES AO MAR? 88
NAVEGAÇÕES PORTUGUESAS 89
NAVEGANDO COM OS ESPANHÓIS 90
CABRAL CHEGA ONDE HOJE É O BRASIL 91
COLONIZAÇÃO PORTUGUESA NO BRASIL 92
   AS CAPITANIAS HEREDITÁRIAS 94
   GOVERNO-GERAL 95
   ATIVIDADES 96
   VOCÊ LEITOR! 98
   VOCÊ CIDADÃO! 99

CAPÍTULO 3 • OS AFRICANOS ANTES E DEPOIS DOS EUROPEUS 100
OS BANTOS 101
   REINO DO CONGO 101
   VOCÊ LEITOR! 103
   VOCÊ ESCRITOR! 103
OS IORUBÁS 104
AFRICANOS NO BRASIL 105
   A VIAGEM 106
   O TRABALHO 106
   VIOLÊNCIA E CASTIGOS 107
   RESISTÊNCIA 108
O 20 DE NOVEMBRO 111
   ATIVIDADES 112
   INTEGRANDO COM... GEOGRAFIA E LÍNGUA PORTUGUESA 114

UNIDADE 4 • ABOLIÇÃO E IMIGRAÇÃO 116

CAPÍTULO 1 • ABOLIÇÃO 118
O PROCESSO QUE CONDUZIU À ABOLIÇÃO 118
   OS MOTIVOS DA ABOLIÇÃO 119
   A LUTA DOS ESCRAVIZADOS 119
   A INGLATERRA CONTRA O COMÉRCIO DE ESCRAVOS 120
   O MOVIMENTO ABOLICIONISTA 121
AS LEIS E A REALIDADE 122
OS AFRODESCENDENTES APÓS A ABOLIÇÃO 123
O SAMBA NA CASA DE TIA CIATA 124
   ARTISTAS AFRODESCENDENTES 124
   ATIVIDADES 125
   VOCÊ LEITOR! 127
   VOCÊ ESCRITOR! 128

CAPÍTULO 2 • DA EUROPA PARA A AMÉRICA 129
POR QUE OS EUROPEUS VIERAM PARA O BRASIL? 130
IMIGRANTES NO SUL 131
   SÃO LEOPOLDO: UMA COLÔNIA ALEMÃ 131
   OS ITALIANOS NO SUL 132
   OS POLONESES NO SUL 133
IMIGRANTES EM SÃO PAULO 134
   ATIVIDADES 135
   VOCÊ LEITOR! 137
   VOCÊ ESCRITOR! 137

CAPÍTULO 3 • IMIGRANTES: TRABALHO, RESISTÊNCIA E CULTURA 138
OPERÁRIOS E INDÚSTRIAS ENTRE 1889 E 1930 140
   A LUTA DOS OPERÁRIOS 140
A PRESENÇA DOS IMIGRANTES EM CONSTRUÇÕES, FESTAS E ALIMENTOS 142
   ALEMÃES E ITALIANOS EM SANTA CATARINA 142
   A COMIDA DOS IMIGRANTES 143
   MÚSICA E FUTEBOL 144
JAPONESES 144
MIGRAÇÕES INTERNAS 145
   EM BUSCA DE EMPREGO NA INDÚSTRIA 146
MIGRAÇÕES RECENTES 148
   ATIVIDADES 150
   VOCÊ LEITOR! 152
   VOCÊ ESCRITOR! 153
   INTEGRANDO COM... LÍNGUA PORTUGUESA 154

OUTRAS LEITURAS 156
REFERÊNCIAS BIBLIOGRÁFICAS 158
MATERIAL COMPLEMENTAR – MAPAS 159

UNIDADE 1

MUDANÇAS E PERMANÊNCIAS

- Descubra quatro pistas que podem ser usadas para identificar os assaltantes e prender a quadrilha.

CAPÍTULO 1
MUDANÇAS E PERMANÊNCIAS

Observe as imagens e leia as legendas.

Crianças jogam futebol na recém-inaugurada capital federal Brasília, com o Congresso Nacional ao fundo. Brasília, DF, 1960. Note que as crianças da imagem ao lado participam do jogo fisicamente. Já o menino da imagem abaixo participa do jogo virtualmente.

No futebol virtual, pode-se fazer um jogador lançar a bola ao companheiro, outro cruzar a bola e outro, ainda, marcar um gol de cabeça. Tudo isso sem sair do sofá.

Se você comparar as imagens desta página, vai perceber que o mundo em que você vive é muito diferente daquele em que seu avô cresceu. No tempo em que seu avô era menino, as crianças iam às ruas jogar futebol; hoje, as crianças podem participar de um jogo de futebol por meio do *videogame*.

As mudanças, porém, não foram apenas no modo de se divertir; os modos de pensar, de agir e de se vestir também mudaram. Observe as fotografias dos meninos.

O ator estadunidense Mickey Rooney quando menino. Cerca de 1927.

Menino dos dias atuais. Fotografia de 2016.

1. Descreva o modo de se vestir dos meninos fotografados desta página.

_____

_____

_____

2. O que se percebe comparando os trajes desses meninos?

_____

_____

A História não estuda apenas as mudanças; estuda também as permanências, ou seja, aquilo que se manteve como era antes, apesar do passar do tempo. Antigamente, as pessoas que viviam no Rio Grande do Sul bebiam **chimarrão**. Atualmente, continuam mantendo esse hábito. Portanto, o hábito de beber chimarrão é uma permanência na história do Rio Grande do Sul.

Chimarrão: mate amargo, preparado com água fervente numa cuia, sem açúcar, e sorvido por meio de uma bomba.

Mulher indígena da etnia Guarani tomando chimarrão. São Miguel das Missões, RS. 2016.

Outro exemplo de permanência é a Festa de São João, no Nordeste. Os avós das crianças nordestinas já festejavam São João, os pais continuaram festejando e as crianças também festejam dançando quadrilha e comendo pipoca, milho e diferentes doces.

Festa junina em Campina Grande, PB. 2007. Dançar quadrilha nas festas de São João é um hábito antigo dos nordestinos.

Você pode estar se perguntando aonde queremos chegar; afinal, o que isso tem a ver com História? Tem tudo a ver, pois, como vimos, a História estuda as **mudanças** e também as **permanências**. Procura perceber o modo como as pessoas viviam nos tempos antigos e como vivem hoje, bem como a relação entre o passado e o presente. Por isso, pode-se dizer que a **"História é o estudo dos seres humanos no tempo"**.

QUEM FAZ A HISTÓRIA?

Os historiadores de antigamente consideravam que a história era feita por reis, presidentes, bispos e generais. Ou seja, pelos **grandes personagens**, como o general Napoleão Bonaparte, ou o imperador Dom Pedro I. Nessa visão, eram os grandes homens que faziam a História; as pessoas comuns eram deixadas de lado; não faziam parte da História.

Hoje, se sabe que a história é feita por todos nós; **pessoas comuns**, como eu, você, sua professora, a diretora, o padre... E também por grupos – mulheres, idosos, militares, operários, empresários, artistas, políticos, entre outros. Todas essas pessoas e grupos fazem história; ou seja, são **sujeitos históricos**.

Crianças em manifestação pela paz. Rio de Janeiro, 2007.

ATIVIDADES

1. Complete cada frase e preencha o diagrama.

   a) Profissional que estuda o passado e o presente e as relações entre um e outro: _____.

   b) Pular corda e jogar amarelinha são brincadeiras _____.

   c) O tênis e o futebol virtuais são jogos _____.

   d) História é o estudo dos seres humanos no _____.

   e) Ciência que estuda as mudanças e as permanências: _____.

   f) O hábito de beber chimarrão é uma _____ na história do Rio Grande do Sul.

   g) O historiador age como um detetive: _____ com base nos vestígios que encontra.

   h) As _____ ocorridas ao longo do tempo são importantes no estudo da História.

   a) H
   b) I
   c) S
   d) T
   e) Ó
   f) R
   g) I
   h) A

2. Observe as imagens a seguir.

a) O que se vê nas imagens?

_____

_____

_____

_____

b) Que mudança é possível perceber comparando a foto da esquerda à da direita?

_____

_____

c) A substituição de vários músicos por uma máquina é uma mudança causada:

☐ pela vontade de mudar.   ☐ pelo avanço da tecnologia.

☐ pelo acaso.   ☐ pela qualidade do som.

VOCÊ LEITOR!

LEITURA DE IMAGEM

Observe as fotografias dessa importante construção situada na cidade de Ouro Preto, em Minas Gerais.

Ao lado, edifício da Câmara Municipal de Ouro Preto, em 1853. Abaixo, o mesmo edifício, em 2009. Hoje, ele abriga o Museu da Inconfidência.

1. Observando essa construção mineira, percebe-se que ela é:

   ☐ antiga   ☐ recente

   e que conservou os traços que tinha no tempo em que foi construída.

2. Pode-se dizer, portanto, que essa construção é um exemplo de

   _____. Ou seja, mesmo com o passar dos anos, não mudou ou mudou muito pouco.

16

VOCÊ ESCRITOR!

1. Observe essas duas vistas de uma rua em épocas diferentes.

Imagem 1

Imagem 2

- Liste no quadro a seguir o que permaneceu e o que mudou na imagem 2.

O que permaneceu	O que mudou

17

CAPÍTULO 2

TEMPO E PRIMEIROS TEMPOS

O NOSSO CALENDÁRIO

Calendário é um modo de contar e dividir o tempo. No Brasil, usamos o calendário cristão. Esse calendário divide o tempo em dia, semana, mês, ano, década (10 anos), século (100 anos).

O século é uma unidade de tempo muito usada em História. Geralmente, escrevemos o século em algarismos romanos: século I, século II, século III, e assim por diante. Veja a escrita de 1 a 20 em algarismos arábicos e em algarismos romanos.

1 = I	6 = VI	11 = XI	16 = XVI
2 = II	7 = VII	12 = XII	17 = XVII
3 = III	8 = VIII	13 = XIII	18 = XVIII
4 = IV	9 = IX	14 = XIV	19 = XIX
5 = V	10 = X	15 = XV	20 = XX

Veja exemplos de quando começa e termina cada século.

- Século I vai do nascimento de Cristo ao ano 100.
- Século II vai do ano 101 ao ano 200.
- Século III vai do ano 201 ao ano 300.

Ampulheta.

DIALOGANDO

- E o século em que estamos, quando começou e quando vai terminar?

ANTES E DEPOIS DE CRISTO

No Brasil, contamos o tempo a partir do nascimento de Jesus Cristo. Para nós, portanto, há os fatos ocorridos antes e depois de Cristo nascer.

No caso dos acontecimentos anteriores ao nascimento de Cristo, ao lado da data, colocamos a abreviatura **a.C.**

Ao escrever a data dos fatos ocorridos depois de Cristo, não é necessário colocar a abreviatura d.C. Coloca-se apenas o ano. Assim, dizer que estamos em 2019 significa que já se passaram vinte séculos e 19 anos do nascimento de Cristo.

LINHA DO TEMPO

Para representar e ordenar os fatos numa sequência cronológica, utiliza-se a **linha do tempo**. Esta linha pode ser construída usando-se qualquer unidade de tempo: anos, décadas, séculos...

Conheça alguns fatos importantes ocorridos antes de Cristo.

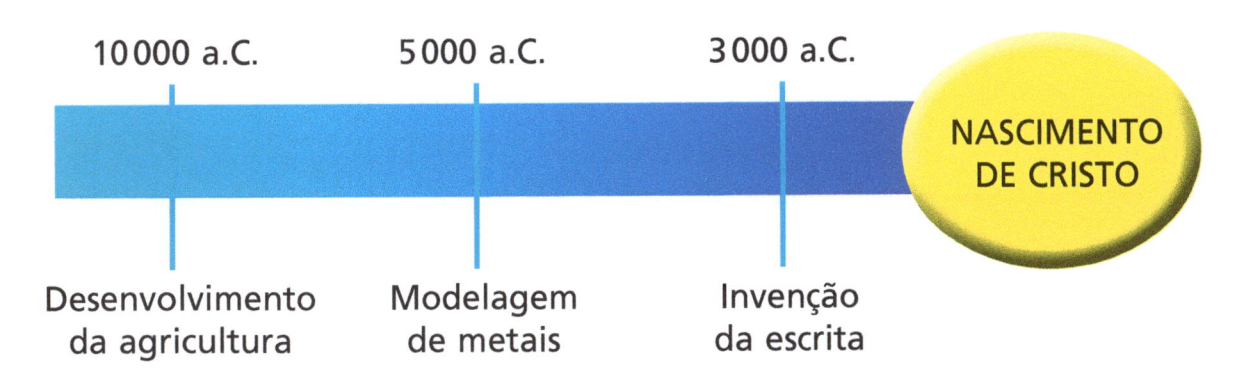

10 000 a.C.	5 000 a.C.	3 000 a.C.	NASCIMENTO DE CRISTO
Desenvolvimento da agricultura	Modelagem de metais	Invenção da escrita	

Conheça alguns fatos importantes ocorridos depois de Cristo.

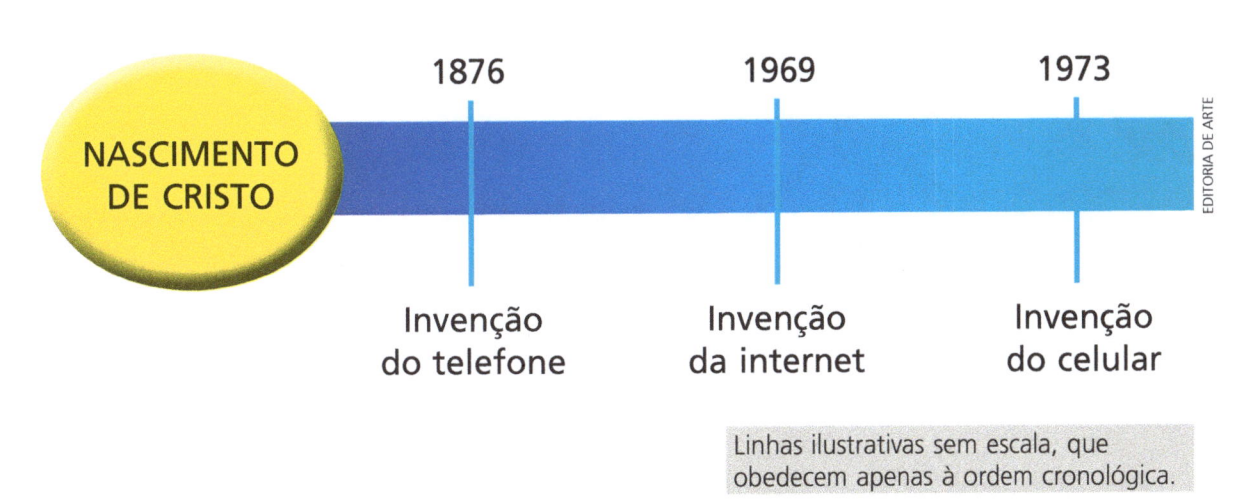

NASCIMENTO DE CRISTO	1876	1969	1973
	Invenção do telefone	Invenção da internet	Invenção do celular

Linhas ilustrativas sem escala, que obedecem apenas à ordem cronológica.

OS PRIMEIROS TEMPOS

Um dos maiores desafios dos seres humanos sempre foi conseguir comida e abrigo.

Inicialmente, os seres humanos viviam da caça, da pesca e da coleta de frutos; por isso, ficaram conhecidos como **caçadores** e **coletores**.

CAÇADORES E COLETORES

Para fazer seus instrumentos de trabalho, eles batiam pedras duras contra pedras menos resistentes até conseguirem pedras cortantes. Com elas, eles faziam machados, lanças e arpões. Com estas ferramentas, eles abatiam animais, coletavam e pescavam.

O arco e a flecha foram uma outra descoberta importante e que muito contribuiu para a sobrevivência dos seres humanos na Terra. Manejando-os com destreza, eles caçavam animais velozes, como a lebre, o veado e os pássaros, ou perigosos, a exemplo dos tigres-dentes--de-sabre.

O uso do arco e da flecha permitia ao caçador acertar o animal de longe, como nesse desenho, em que um caçador enfrenta um tigre-dentes-de-sabre.

MOZART COUTO

O DOMÍNIO DO FOGO

Os primeiros povoadores da Terra obtinham o fogo mergulhando galhos em incêndios florestais causados por raios. Há cerca de 500 000 anos, descobriram como produzir o fogo. Eles o obtinham de duas maneiras. Veja quais são elas nos desenhos abaixo.

Uma das técnicas (à esquerda) consistia em girar bem depressa um bastão dentro de uma cavidade de madeira. O atrito produzia calor, com o qual se acendia um punhado de palha já deixado por perto. Outra técnica (veja à direita) era bater uma pedra contra a outra para se conseguir a faísca e produzir o fogo.

Com o domínio do fogo, a vida dos seres humanos mudou muito:
- tornou-se possível sobreviver em regiões geladas;
- ter luz à noite;
- afugentar animais e cozinhar os alimentos. Cozida, a carne tornava-se mais saborosa e de fácil digestão.

AGRICULTORES E PASTORES

Por volta de 10.000 a.C., a Terra passou por uma grande mudança climática. As temperaturas se elevaram e as camadas de gelo que cobriam parte da superfície terrestre recuaram. Os animais acostumados a climas frios, como os bisões e os mamutes, desapareceram, e a oferta de carne diminuiu. Aumentou, então, a busca por outros alimentos.

Durante essa busca, os grupos humanos desenvolveram a agricultura e a domesticação de animais como cabras, ovelhas e bois. Por isso, ficaram conhecidos como **agricultores** e **pastores**.

AGRICULTURA E PASTOREIO: O QUE MUDOU?

A prática da agricultura e do pastoreio revolucionou a vida humana, favorecendo uma série de mudanças, tais como:

- **a sedentarização**: sobrevivendo do cultivo e do pastoreio, os seres humanos passaram a produzir seu próprio alimento e não precisavam mais mudar constantemente de lugar. Então, aos poucos, foram se tornando **sedentários**, isto é, passaram a se fixar num determinado território.

Grupo de agricultores e pastores.

- **a difusão da cerâmica** (barro modelado e cozido). Com a prática da agricultura, os grupos humanos passaram a necessitar de recipientes em que pudessem cozinhar, armazenar e transportar cereais. A cerâmica veio atender a essa necessidade, sendo usada para fazer panelas, vasos, jarros, entre outros. No Japão, foram encontradas as peças de cerâmica mais antigas produzidas pelos seres humanos;

Vasos pintados de cerâmica, produzidos em 2500 a.C., aproximadamente. Coleção do Museu Lowe Art, Universidade de Miami.

Artesã pertencente à Associação das Paneleiras de Goiabeiras fabricando uma panela de barro, em Vitória, ES, 2011.

- **o crescimento da população**. Com o aumento e a diversificação da produção e a melhoria na conservação dos alimentos, a população aumentou e as pessoas passaram a viver mais tempo.

É importante lembrar, porém, que a agropecuária não substituiu a caça e a coleta. Muitos grupos humanos continuaram sobrevivendo da caça, da pesca e da coleta. Outros desenvolveram a agropecuária, mas continuaram a praticar a caça e a coleta.

O DESENVOLVIMENTO DA METALURGIA

Por volta de 5.000 a.C., os seres humanos desenvolveram a metalurgia, isto é, o trabalho com metais. O primeiro metal trabalhado foi o **cobre**, usado, sobretudo, para fazer utensílios, como potes e vasos, e enfeites, como colares e brincos. O cobre é maleável e moldado a frio, ou seja, sem o uso de forno.

Ponta de um machado da antiga Tchecoslováquia, 4º milênio a.C. Museu Ashmolean, Universidade de Oxford, Reino Unido.

Mas, por ser um metal mole, o cobre não podia ser usado na feitura de armas e ferramentas de trabalho, como a pá e a enxada. Para suprir a necessidade de armas e ferramentas de trabalho mais resistentes, os seres humanos descobriram como fabricar o **bronze**, um metal mais duro e resistente que o cobre.

Capacete de bronze. Idade do Bronze. França.

Tempos depois, os humanos aprenderam a fundir o **ferro**, que, por sua vez, é mais resistente do que o bronze. A produção do ferro exigia um forno com temperatura alta e constante para o derretimento do minério.

Ferramentas de ferro utilizadas por legionários. Roma, século 9 a.C.

Estrutura em ferro do Theatro José de Alencar – inaugurado em 1910. Fortaleza. CE, 2013.

Os povos que primeiro aprenderam a moldar o bronze e o ferro aperfeiçoaram seus instrumentos de guerra, como espadas e lanças, e seus instrumentos agrícolas, como pás e enxadas. E, ao aumentarem sua capacidade de produzir alimentos e de guerrear, garantiram sua sobrevivência e se tornaram mais fortes do que os grupos humanos que não sabiam trabalhar esses metais.

ATIVIDADES

1. Complete as frases.

   a) Calendário é um modo de _____ e _____ o tempo.

   b) No Brasil, usamos o calendário _____.

   c) Década é um período que corresponde a _____ anos.

   d) Século é um período que corresponde a _____ anos.

2. Os números a seguir estão escritos em algarismos arábicos.

   a) Escreva-os em algarismos romanos:

   2 = _____   8 = _____   16 = _____

   4 = _____   12 = _____   20 = _____

   b) Escreva agora o século em que estamos em algarismos arábicos e algarismos romanos.

   _____

3. Complete a linha do tempo pesquisando e escrevendo a data em que ocorreram os fatos a seguir.

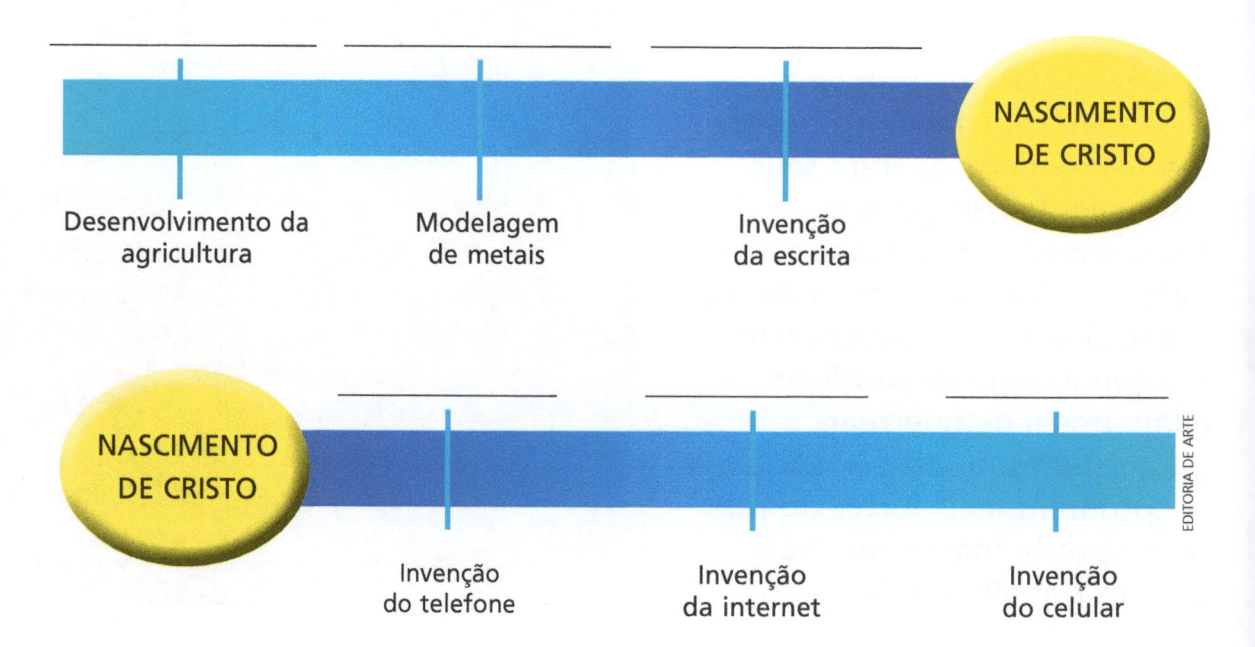

Desenvolvimento da agricultura — Modelagem de metais — Invenção da escrita — NASCIMENTO DE CRISTO

NASCIMENTO DE CRISTO — Invenção do telefone — Invenção da internet — Invenção do celular

26

4. Leia a descrição e identifique de quem estamos falando.

a) Eram nômades, isto é, não tinham moradia fixa; sempre que a caça, os peixes e os frutos de uma região começavam a rarear, eles se mudavam para outra área em busca de alimentos.

_____

_____

b) Eram sedentários, isto é, tinham moradia fixa; cultivavam alimentos e pastoreavam animais.

_____

_____

5. Imagine que você é um dos primeiros povoadores da Terra e acabou de descobrir o fogo e sua utilidade. Como você contaria aos seus amigos e familiares as maravilhas desta descoberta?

_____

_____

_____

_____

_____

_____

_____

_____

_____

_____

6. Vimos que, por volta de 5 000 anos antes de Cristo, os seres humanos aprenderam a técnica de trabalhar metais, como o cobre, o bronze e o ferro. Observe as imagens a seguir.

a) Que objetos são esses?
_____

b) Tente responder: para que servia cada objeto?
_____
_____
_____

c) Como ficaram conhecidos os seres humanos que desenvolveram esses objetos? Justifique.
_____
_____

d) Quais vantagens tiveram os povos que primeiro desenvolveram esses instrumentos de trabalho?
_____
_____
_____

VOCÊ LEITOR!

Leia o texto a seguir com atenção.

Todos os dias quando acordo
Não tenho mais o tempo que passou
Mas tenho muito tempo
Temos todo o tempo do mundo
Todos os dias antes de dormir
Lembro e esqueço como foi o dia
Sempre em frente
Não temos tempo a perder.

Renato Russo. Tempo perdido. Intérprete: Legião Urbana. In: Legião Urbana. **Dois**. Emi-Odeon Brasil, 1986. 1 CD. Faixa 6.

1. Qual é o assunto da letra da música?

___

2. Como você interpreta a frase: "Não temos tempo a perder"?

___

3. Na Bíblia, no livro de Eclesiastes, capítulo 3, versículo 2, lemos: "Há tempo de nascer, e tempo de morrer; tempo de plantar, e tempo de arrancar o que se plantou". Esse trecho da Bíblia concorda ou discorda do afirmado na letra da música?

___

INTEGRANDO COM...
LÍNGUA PORTUGUESA

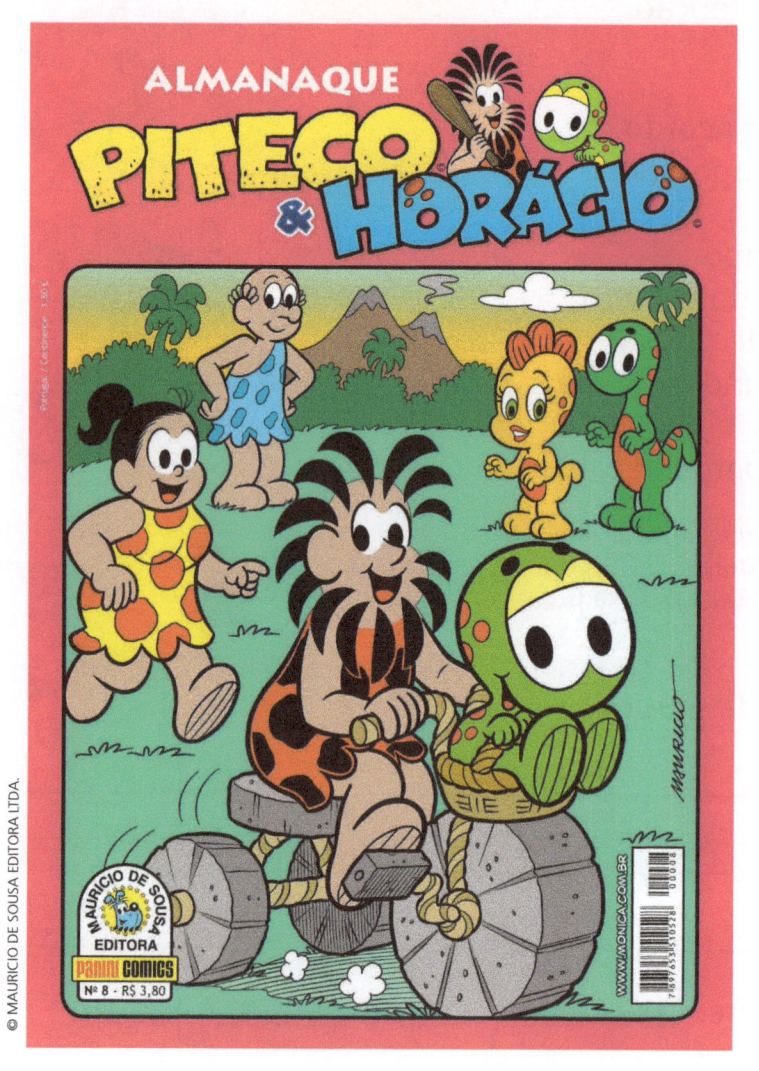

Os personagens mostrados nesta imagem foram criados pelo artista brasileiro Mauricio de Sousa.

1. O que está acontecendo na cena?
_____

2. De que material é feito o triciclo de Piteco?
_____

3. O material de que é feito o triciclo nos ajuda a identificar o tempo em que as histórias de Piteco e Horácio se passam. Que tempo é esse?
_____
_____

O Piteco é um homem das cavernas, cujo nome completo é Pithecanthropus Erectus da Silva. Já o Horácio é um tiranossauro filhote bondoso, alegre e sempre disposto a ajudar.

O tiranossauro, uma espécie de dinossauro, viveu durante 140 milhões de anos até a sua súbita extinção, há 70 milhões de anos. Já os primeiros seres humanos só surgiram há cerca de 2 milhões de anos, ou seja, muito tempo depois do desaparecimento dos dinossauros.

4. Se Piteco e Horácio fossem de carne e osso, a cena que você vê na imagem poderia ter acontecido? Por quê?

___

5. O que no nome de Piteco indica que o personagem é brasileiro?

___

6. O que Horácio representa para Piteco?

___

7. Sublinhe no trecho a seguir os adjetivos que descrevem Horácio.

> Horácio é um tiranossauro filhote bondoso, alegre e sempre disposto a ajudar.

8. Procure no dicionário o significado das palavras **súbito** e **extinção**.

___

UNIDADE 2
CIRCULAÇÃO DE PESSOAS E COMUNICAÇÃO ENTRE ELAS

Para a maioria dos cientistas o local de origem do ser humano é a África; foi lá que se descobriu um dos **fósseis** mais antigos já conhecidos. O fóssil descoberto era o esqueleto de uma mulher que viveu há milhões de anos.

Fóssil: resto de seres vivos, animais ou vegetais, que viveram há muito tempo.

MAPA DA ÁFRICA

Fonte: George Duby. **Atlas historique mondial**. Paris: Larrouse, 2001. p. 5.

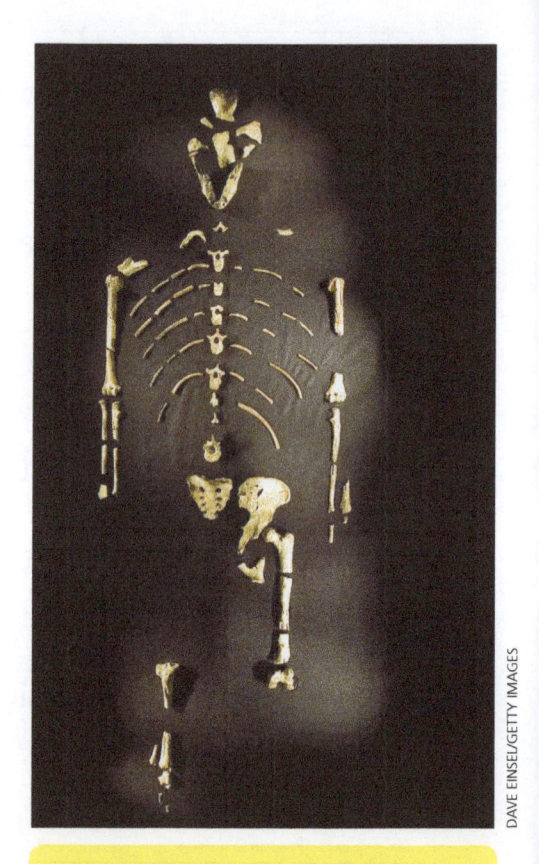

O esqueleto de Lucy está em exposição no Museu de História Natural, em Houston, Texas, nos Estados Unidos. Fotografia de 2007.

32

Para comemorar a descoberta desse esqueleto foi feita uma festa. Uma das músicas mais tocadas nessa festa foi *Lucy in the sky with diamonds*, do grupo musical *Os Beatles*. Por isso, os cientistas decidiram batizar o esqueleto de Lucy.

Fotografia de 1966 do grupo musical *Os Beatles*.

Há cerca de 60 anos, *Os Beatles* fizeram enorme sucesso. E ainda hoje continuam sendo admirados por milhões de pessoas ao redor do mundo.
- Você já ouviu falar da banda *Os Beatles*?
- E de Lucy, você já tinha ouvido falar?
- Sabia que a África é considerada o berço da humanidade?

CAPÍTULO 1
DA ÁFRICA PARA O MUNDO

A partir da África, os primeiros humanos espalharam-se pela Europa, Ásia e finalmente chegaram à América, num processo de milhares de anos de duração.

PROVÁVEIS CAMINHOS DOS POVOADORES DA AMÉRICA

Fonte: Pierre Naquet-Vidal e Jacques Bertin. **Atlas histórico**: da Pré-História a nossos dias. Lisboa: Círculo de Leitores, 1987. p. 18.

O POVOAMENTO DA AMÉRICA

Há duas hipóteses principais para explicar o caminho percorrido pelos povoadores da América:

Possibilidade nº 1: chegaram à América por terra, depois de atravessar o Estreito de Bering, situado entre a Sibéria (Rússia) e o Alasca (Estados Unidos). Essa travessia teria ocorrido em uma das vezes em que o nível do mar baixou muito, levando à formação de um caminho de terra e gelo que ligava a Ásia à América, pelo norte.

Possibilidade nº 2: chegaram à América por mar, vindos da Oceania. E, depois de atravessar o Oceano Pacífico navegando de ilha em ilha em pequenas embarcações, desembarcaram nas costas do continente americano.

DESCOBERTAS SOBRE A PRESENÇA HUMANA NA AMÉRICA

Em 1999, o arqueólogo brasileiro Walter Neves revelou ao mundo o fóssil humano mais antigo encontrado na América; tratava-se do crânio de uma mulher que viveu há cerca de 11500 anos! O cientista brasileiro batizou-a de **Luzia** (em homenagem a Lucy). Cientistas ingleses reconstituíram a fisionomia de Luzia e, surpresos, descobriram que suas feições se assemelhavam às de alguns nativos da África e da Austrália: olhos arredondados, nariz largo e lábios volumosos. Com base em vestígios inéditos de Lagoa Santa (MG), Walter Neves confirmou que as características cranianas do povo de Luzia eram semelhantes às dos africanos e australianos.

À direita, crânio de Luzia, o fóssil mais antigo encontrado na América, e a reconstituição das feições de Luzia, produzida a partir de imagens de computador.

OS ESTUDOS DE NIÈDE GUIDON

Já para a arqueóloga Nièdе Guidon, há provas de que a presença humana em São Raimundo Nonato, no Piauí, é muito mais antiga. Ela e sua equipe descobriram no sítio arqueológico de Pedra Furada pedaços de carvão e de pedra lascada que teriam sido deixados por pessoas que ali viveram.

Sítio arqueológico: local que guarda vestígios da presença humana, como restos de moradias, ossos de animais, plantas comestíveis e medicinais.

A CIENTISTA NIÈDE GUIDON E SUA LUTA

Nièdе Guidon nasceu em Jaú (São Paulo), doutorou-se na França e pesquisa sítios arqueológicos situados no Piauí, desde 1973. Sua luta e determinação levaram à criação do **Parque Nacional da Serra da Capivara**, em 1979, no município de São Raimundo Nonato, no Piauí. Anos depois, a Fundação Museu do Homem Americano foi criada para administrar o parque, onde se encontram milhares de pinturas rupestres e ossadas de animais antigos. Atualmente, Nièdе Guidon luta para transformar o Parque Nacional da Serra da Capivara num grande centro turístico.

Nièdе Guidon em fotografia de 2013.

A ÁREA ARQUEOLÓGICA DE SÃO RAIMUNDO NONATO

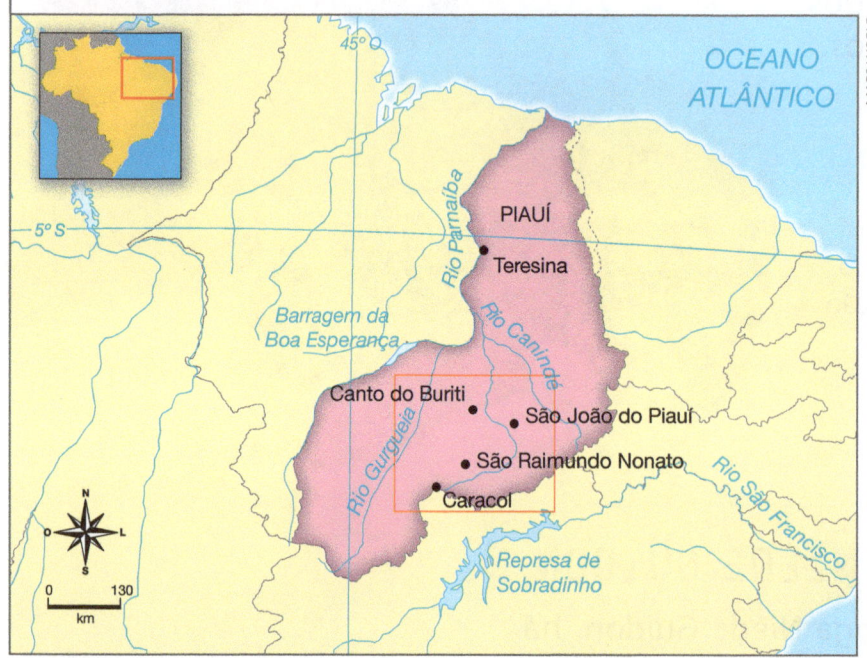

Fonte: IBGE. **Atlas geográfico escolar**. 6. ed. Rio de Janeiro: IBGE, 2012. p. 163.

DIALOGANDO

A transformação do Parque Nacional da Serra da Capivara num centro turístico pode ajudar as pessoas que vivem na região? Como?

OS HABITANTES DAS TERRAS ONDE HOJE É O BRASIL

Ao chegarem às terras onde hoje é o Brasil, os humanos encontraram uma situação muito diferente da de hoje.

Naquele tempo, predominavam campos de vegetação baixa, clima seco e frio, e inverno rigoroso. Os humanos faziam grandes fogueiras para aquecer seus corpos, cozinhar e afugentar animais perigosos.

Nessas terras viviam também mamíferos enormes, como a **preguiça-gigante**, o **mastodonte**, a **macrauquênia**, e o **tigre-dentes-de-sabre**, entre outros.

Preguiça-gigante: chegava a 6 metros de altura; com isso conseguia alimentos em árvores altas de difícil acesso para animais baixos.

Mastodonte: animal de muitas toneladas com tromba e presas de até um metro e meio que vivia em manadas. Na aparência lembra o elefante africano.

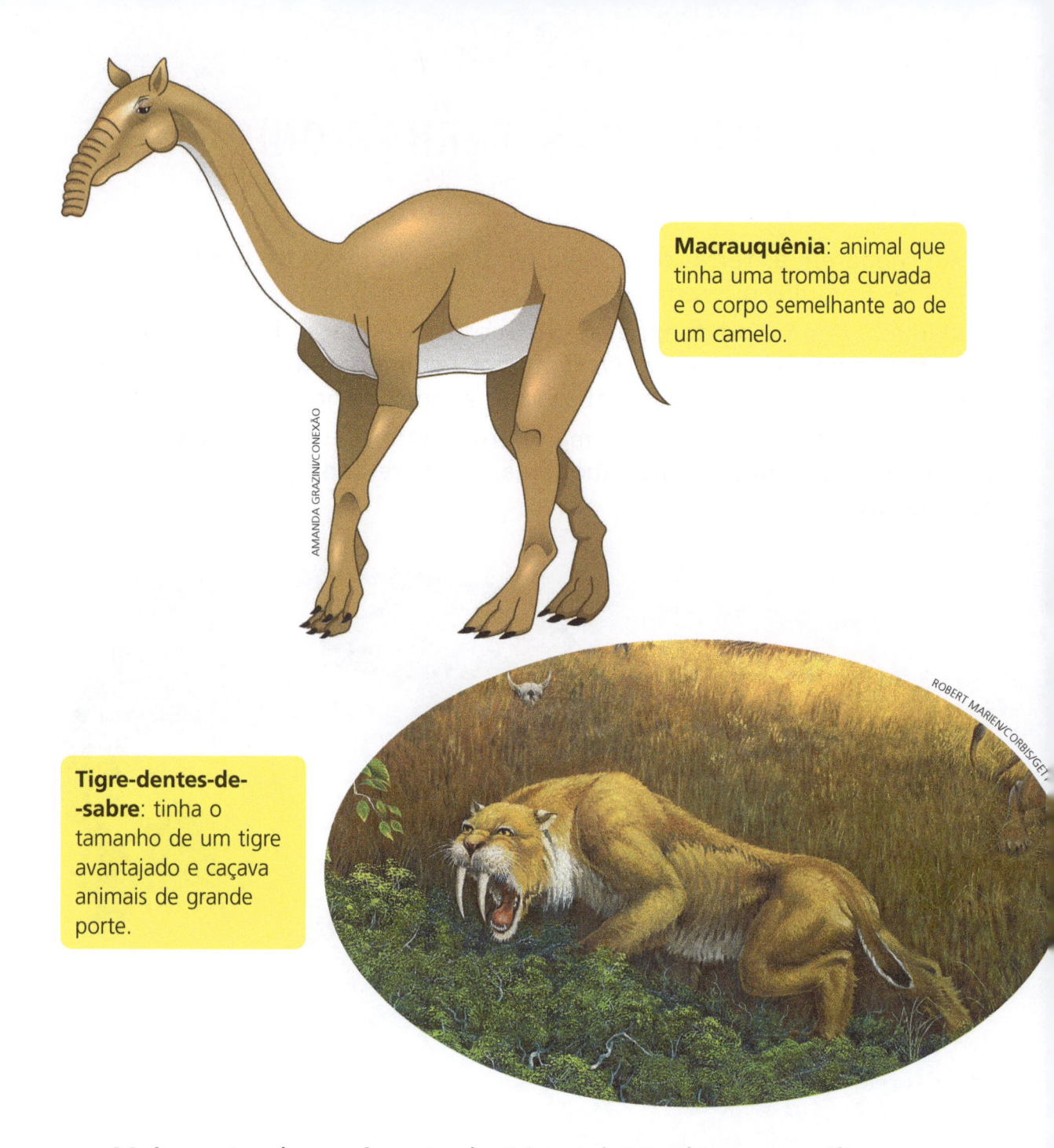

Macrauquênia: animal que tinha uma tromba curvada e o corpo semelhante ao de um camelo.

Tigre-dentes-de-sabre: tinha o tamanho de um tigre avantajado e caçava animais de grande porte.

Muito antes do nascimento de Cristo, alguns desses mamíferos, como o mastodonte e a macrauquênia, já tinham desaparecido sem deixar parentes. Já a preguiça-gigante tem parentesco com os bichos-preguiça da nossa fauna atual.

DIALOGANDO

Ao longo da História, a caça desenfreada colaborou para o desaparecimento de animais. Você consegue dar exemplos de animais ameaçados de extinção atualmente?

CAÇADORES E COLETORES

Os primeiros humanos viviam da caça de animais pequenos, como as emas, da pesca, da coleta de frutos, como a castanha e o pinhão. Entre eles, estavam o povo de Lagoa Santa, o povo de Umbu (também conhecido como povo da flecha) e o povo dos sambaquis.

> **Sambaqui:** palavra originária do tupi tã ba'ki (de tã'ba = ostra e ki = amontoado).

O POVO DE LAGOA SANTA

Em 1843, na região de Lagoa Santa, em Minas Gerais, o cientista Peter Lund encontrou um crânio que foi batizado de Homem de Lagoa Santa. Mais de 100 anos depois, nessa mesma região, outros cientistas descobriram muitos esqueletos dos primeiros habitantes da América, incluindo o de Luzia.

Na parte iluminada de seus abrigos, o povo de Lagoa Santa trabalhava fazendo machados de pedra lascada, conchas de caramujo perfuradas, anzóis de osso, entre outros. Aos poucos, passou a polir e aperfeiçoou seus instrumentos de trabalho.

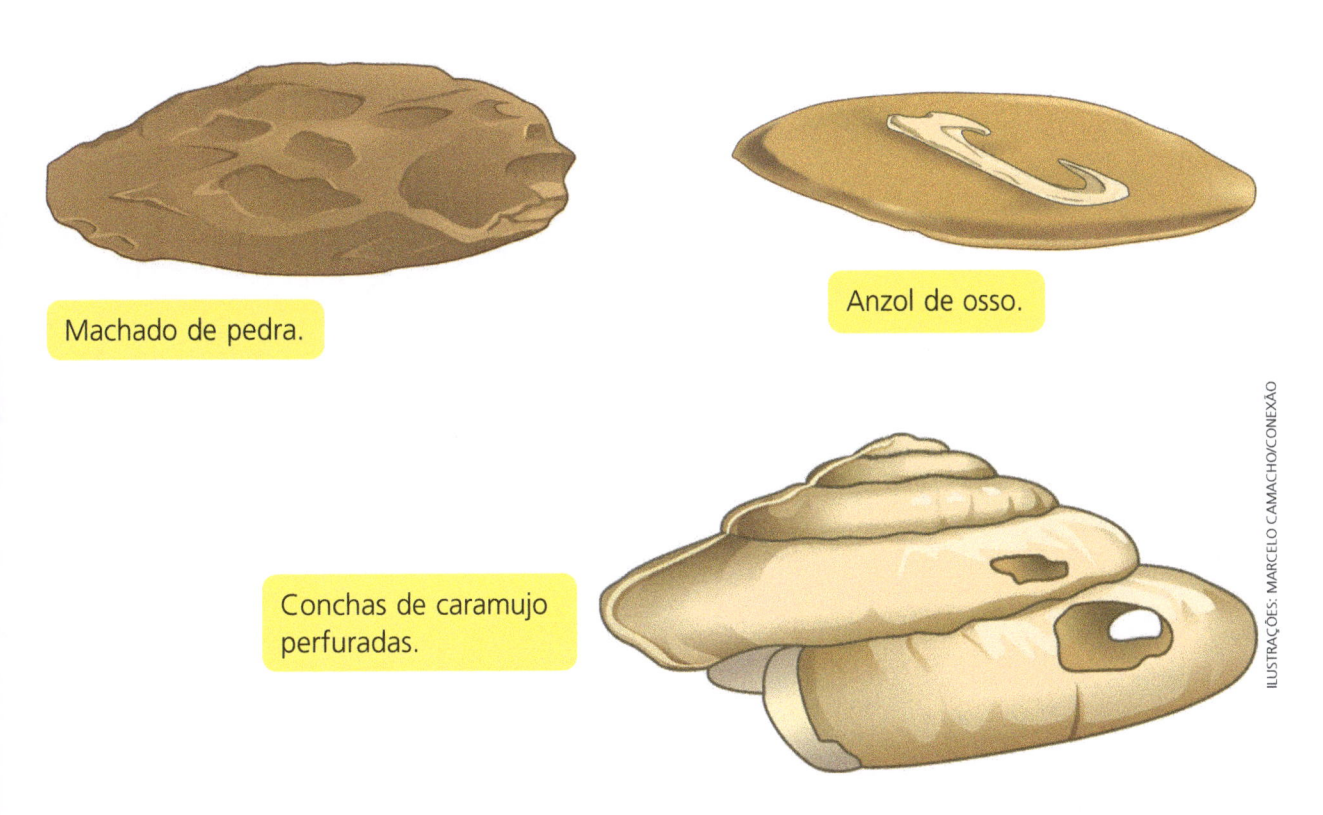

Machado de pedra.

Anzol de osso.

Conchas de caramujo perfuradas.

ILUSTRAÇÕES: MARCELO CAMACHO/CONEXÃO

Fonte das ilustrações: Norberto Guarinello. **Os primeiros habitantes do Brasil**. São Paulo: Atual, 1994. p. 14.

OS POVOS DOS SAMBAQUIS

Os povos dos sambaquis habitavam o litoral brasileiro do Rio Grande do Sul até a Bahia, e do Maranhão até o Pará, e viviam dos recursos que o mar oferecia. Leia sobre eles no texto a seguir:

O alimento era tão abundante que esses povos não precisavam [...] mudar constantemente de local. Escolhiam um lugar elevado perto da praia, em especial se havia água doce por perto, e aí se estabeleciam [...]

Para o lugar fixado levavam conchas que recolhiam à beira-mar, abriam-nas no fogo e comiam os moluscos. As conchas vazias eram deixadas no chão e iam se acumulando. Com o passar dos anos, foram se formando verdadeiras montanhas de conchas, sobre as quais as pessoas construíam suas cabanas e dentro das quais enterravam seus mortos. Chamamos essas montanhas de **sambaquis**. [...]

Norberto L. Guarinello. **Os primeiros habitantes do Brasil**. São Paulo: Atual, 1994. p. 21-24.

Molusco: animal de corpo mole sem ossos, quase sempre coberto por uma concha.

Sambaqui. Farol de Santa Marta. Laguna, SC, 2014. Em Santa Catarina, especialmente em Joinville (norte) e em Laguna (sul), estão os sambaquis de maior porte.

Há cerca de 2 mil anos, os povos dos sambaquis desapareceram, provavelmente porque foram vencidos pelos grupos indígenas falantes de línguas tupis, como os guaranis, que na época se expandiam pelo litoral.

O Museu de Joinville reúne mais de 10 mil peças de povos muito antigos que habitaram a região.

Vista externa do Museu Arqueológico de Sambaqui de Joinville. SC, 2014.

Vaso de barro guarani. Museu Arqueológico de Sambaqui de Joinville. SC, 2017.

AGRICULTORES E CERAMISTAS DA AMAZÔNIA

Acredita-se que os povos da Amazônia começaram a praticar a agricultura há cerca de 7 mil anos. Eles desenvolveram cultivos próprios, como plantas medicinais, corantes e comestíveis como a **mandioca**, um alimento comum à mesa dos brasileiros. A mandioca tem alto valor nutritivo e algumas de suas espécies são venenosas.

Os agricultores da Amazônia descobriram que ralando, prensando e torrando essas espécies de mandioca conseguiam extrair o veneno que elas continham. E, com elas, produzir alimentos como a farinha, o beiju e a tapioca.

Raízes de mandioca e farinha.

OS MARAJOARAS

Foi na ilha de Marajó, na foz do rio Amazonas, que se desenvolveu a mais notável cultura amazônica: **a cultura marajoara**. A nossa principal fonte para conhecimento dos marajoaras são os objetos de cerâmica que produziram.

A cerâmica marajoara possuía desenhos sugestivos, variados e coloridos; as cores mais usadas por eles eram o vermelho, o laranja, o branco e o preto. Muitas de suas urnas funerárias traziam representações do corpo feminino, o que para alguns pesquisadores demonstra a importância que as mulheres tinham na sociedade marajoara.

Réplica de vaso marajoara exposta em Belém. PA, 2013.

DIALOGANDO

Por sua qualidade e beleza, as peças de cerâmica marajoara estão hoje entre os objetos arqueológicos mais contrabandeados para fora do Brasil. Que consequências o contrabando de objetos arqueológicos traz para o Brasil?

ATIVIDADES

1. Observe o mapa a seguir:

PROVÁVEIS CAMINHOS DOS POVOADORES DA AMÉRICA

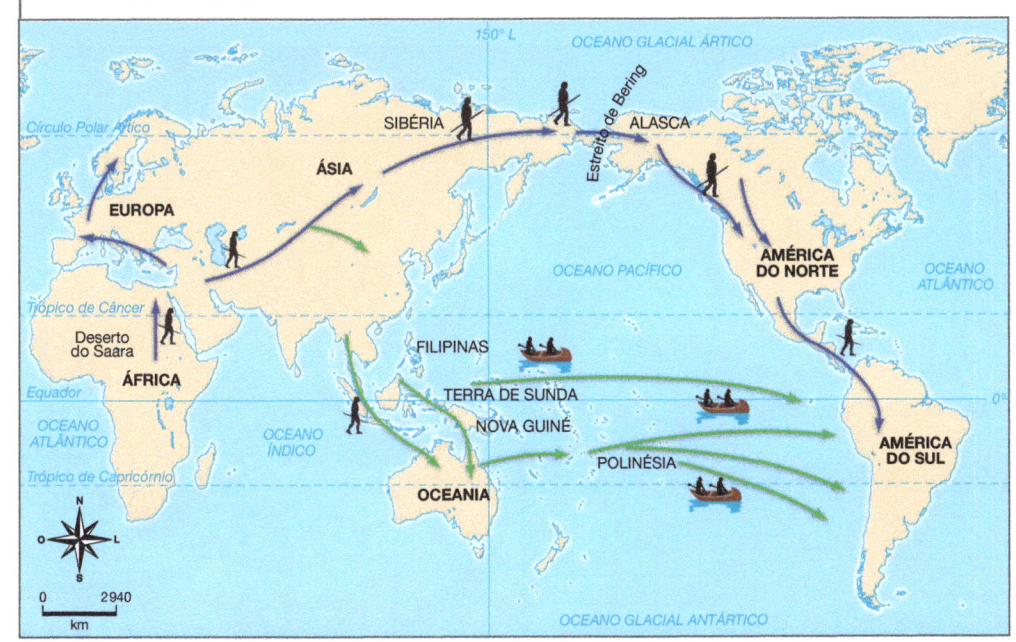

Fontes: Pierre Naquet-Vidal e Jacques Bertin. **Atlas histórico**: da Pré-história aos nossos dias. Lisboa: Círculo de Leitores, 1987. p. 18; **Atlas histórico escolar**. Rio de Janeiro: FAE, 1991. p. 50.

a) Em que continente surgiram os primeiros habitantes da Terra?

_____

b) Como os cientistas chegaram a esta conclusão?

_____

c) Dê outro título ao mapa.

_____
_____

d) O que as setas azuis indicam?

_____
_____

e) O que as setas verdes indicam?

_____

43

VOCÊ LEITOR!

O poema a seguir foi escrito por Roseana Murray. Leia-o com atenção e responda:

Pinturas de animais em cavernas. Lascaux, França. 2014.

Caverna

Houve um dia,
no começo do mundo
em que o homem
ainda não sabia
construir sua casa.

Então disputava
a caverna com bichos
e era aí sua morada.

Deixou para nós
seus sinais,
desenhos desse mundo
muito antigo.
Animais, caçadas, danças,
misteriosos rituais.

Que sinais
deixaremos nós
para o homem do futuro?

Roseana Murray. **Casas**. Belo Horizonte: Formato, p. 23.

1. De que grupo humano está falando a autora?

_____

_____

_____

2. Qual o significado da palavra "sinais" no poema?

_____

3. Dê exemplos de alguns sinais que nós deixaremos para as gerações futuras.

_____

_____

_____

_____

_____

4. Preencha a tabela a seguir. Na coluna da esquerda liste os sinais deixados pelos caçadores-coletores, e, na da direita, o que nós deixaremos sobre a face da Terra.

Sinais deixados pelos caçadores-coletores	Sinais que deixaremos

5. O que um pesquisador que viver daqui a cem anos poderá saber sobre os nossos tempos a partir da lista que você colocou na coluna da direita?

45

VOCÊ CIDADÃO!

Mudança climática: Em 10 000 a.C. houve uma elevação das temperaturas e muitos animais de grande porte (megafauna) não resistiram ao calor.

Quem matou os animais gigantes?

No continente americano, viviam animais gigantescos, conhecidos como megafauna, como é o caso das preguiças-gigantes [...] no território brasileiro.

Por que eles desapareceram? Alguns estudiosos atribuem a sua extinção à **mudança climática** [...]. Outros pesquisadores [...] mencionam a possibilidade de doenças terem ocasionado grandes mortandades entre os grandes animais. [...]. Um terceiro fator pode ter sido a caça predadora, que teria levado à extinção desses animais de dimensões descomunais.

Pedro Paulo Funari e Francisco Silva Noelli. **Pré-história do Brasil**. São Paulo: Contexto, 2002. p. 56.

Fósseis de tigre-dentes-de-sabre e preguiça-gigante. Museu Nacional da UFRJ. Rio de Janeiro. RJ, 2009.

a) Que pergunta os autores do texto buscam responder?

_____

_____

b) Como os autores do texto respondem à pergunta que está no título?

_____

_____

c) A caça predatória continua provocando a extinção de animais. Dê exemplos de animais em extinção e a sua opinião sobre esse tipo de caça.

CAPÍTULO 2

CIDADES DO PASSADO E DO PRESENTE

Hoje, a maioria dos brasileiros vive em cidades. As imagens a seguir mostram duas importantes cidades brasileiras no presente.

Vista da cidade de Fortaleza, CE. 2013.

Vista da cidade de Curitiba, PR. 2007.

Podemos dizer que a cidade de hoje tem as seguintes características:
- grande concentração de pessoas;
- uma variedade de serviços, como escolas, hospitais, postos policiais, lojas, comércios etc.;
- uma prefeitura, sede do governo do município.

Mas, afinal, o que é uma cidade? Como e onde surgiram as primeiras cidades?

CIDADES DO PASSADO

As cidades da Mesopotâmia estão entre as mais antigas do mundo. Mesopotâmia é o nome dado a uma comprida faixa de terra cortada por dois grandes rios: o Tigre e o Eufrates, que deságuam no Golfo Pérsico. Os rios são importantes por fornecer água para pessoas e animais e servir ao transporte de produtos. Veja o mapa:

PRINCIPAIS CIDADES DA MESOPOTÂMIA

Fonte: Georges Duby. **Atlas historique mondial**. Paris: Larousse, 2001. p. 5.

Na Mesopotâmia, há pouca **vegetação** e o clima é quente e seco durante a maior parte do ano. Apesar disso, os povos da região souberam aproveitar as águas do Tigre e do Eufrates para irrigar a terra, praticar a agricultura, o pastoreio e construir cidades. As primeiras cidades da região foram Eridu, Ur, Uruk e Nipur.

> **Vegetação:** conjunto de espécies vegetais próprio de determinada região.

Cada cidade mesopotâmica tinha um governo próprio. Eram, portanto, independentes umas das outras. Por isso, os historiadores as chamam de **cidades-Estado**.

AS CIDADES MUDAM

Com o passar do tempo, as cidades mesopotâmicas cresceram e passaram a disputar entre si o controle das terras banhadas pelos rios Tigre e Eufrates.

Estes conflitos só terminavam quando uma cidade vencia as demais e impunha seu domínio sobre toda a região, fundando, assim, um Império. Império, na Antiguidade, era um conjunto de cidades e regiões subordinadas ao governante da cidade mais poderosa.

O primeiro império estável formado na região foi o do rei Sargão (c. 2334-2279 a.C.) da cidade de Acad.

Acad, a capital do Império, era a sede do poder político e econômico.

Mais tarde, se formaram na Mesopotâmia outros grandes impérios, como o **Primeiro Império Babilônico**, com capital na cidade da Babilônia, e o **Império Assírio**, com a capital na cidade de Nínive. Babilônia e Nínive estão entre as primeiras grandes cidades da história; suas dimensões eram comparáveis às atuais.

Cabeça de cobre representando o rei acádio Sargão, o Grande, fundador do Império Acádio.

AGRICULTURA, PASTOREIO E ARTESANATO

Os habitantes das cidades da Mesopotâmia praticavam a agricultura, o pastoreio e o artesanato.

Os camponeses transformavam terras pantanosas ou desérticas em campos cultivados, pastagens e pomares. Eles cultivavam vários tipos de cereais, como a cevada, o trigo e o centeio; plantavam o linho e o algodão, usados na confecção de tecidos; e criavam ovelhas, porcos, bois e jumentos, usados no transporte de cargas.

Já os artesãos da Mesopotâmia – tecelões, carpinteiros, ferreiros, joalheiros, entre outros – faziam com as mãos obras extraordinárias, como as que vemos a seguir.

À esquerda, elmo (capacete) feito de ouro, c. 2500-2400 a.C. À direita, manequim do Museu do Iraque decorado com joias e enfeites, c. 2500 a.C. Essas obras foram encontradas nas tumbas reais da cidade de Ur.

OS POVOS ANTIGOS E O COMÉRCIO

O comércio teve grande importância na vida dos povos antigos. Faziam comércio viajando por terra, pelos rios e pelos mares. No caso da Mesopotâmia, os rios e os terrenos planos facilitavam as comunicações e favoreciam o transporte e a troca de mercadorias.

Os pastores trocavam seus produtos com os agricultores e ambos realizavam trocas com os habitantes da cidade. A essas trocas entre a área rural e a urbana de uma cidade dá-se o nome de **comércio interno**. Mas os habitantes das cidades mesopotâmicas comerciavam também com outras cidades e povos, ou seja, praticavam também o **comércio externo**. Percorriam grandes distâncias por terra para levar e trazer produtos.

Levavam para outras regiões cereais, lã e tecidos e, na volta, traziam da Ásia Menor a madeira (cedro e cipreste), do Egito, os metais (ouro e prata) e, da Índia, artigos de luxo (marfim e pérolas).

PRODUTOS OBTIDOS PELOS MESOPOTÂMICOS EM OUTRAS REGIÕES

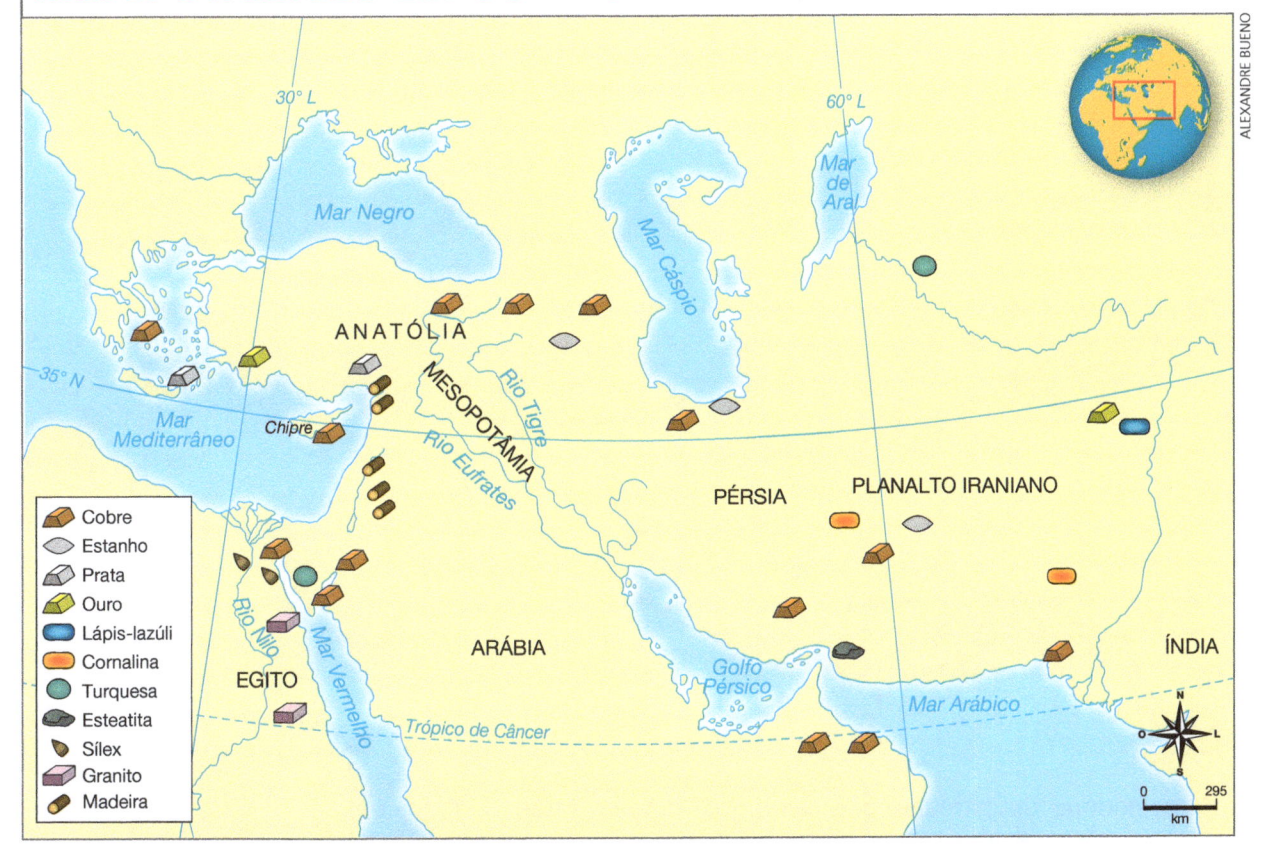

Fonte: Marcelo Rede. **A Mesopotâmia**. São Paulo: Saraiva, 1997. p. 20. (Que história é esta?).

OS ANTIGOS EGÍPCIOS E O COMÉRCIO

Os antigos egípcios, por sua vez, usaram intensamente o rio Nilo para o transporte de mercadorias.

Barcos egípcios viajavam pelo rio Nilo carregados de pedras para construções, alimentos, tecidos, joias e artesanato em madeira, marfim, couro e metal, que eram comercializados em vilas e cidades do Antigo Egito.

À esquerda, punhal em ouro, vidro e pedras semipreciosas, c. 1370-1352 a.C. À direita, cadeira de criança feita de madeira e marfim, c. 1370-1352 a.C.

Trabalhadores descarregam grandes blocos de pedra transportados em barcos pelo rio Nilo.

OS FENÍCIOS E O COMÉRCIO

Já os fenícios usavam intensamente as rotas marítimas.

A carência de terras férteis e a existência de bons portos naturais estimularam os fenícios a se dedicarem, desde cedo, ao comércio marítimo. Aos poucos, desenvolveram intenso comércio com outros povos. Eles comerciavam tanto aquilo que produziam, como azeite, cereais, toras de cedro, joias e tecidos de algodão, quanto produtos de outros povos, como o papiro que eles compravam dos egípcios e vendiam para os gregos.

Joia de ouro representando um barco fenício, c. 404-399 a.C. A joia lembra o que os fenícios de fato foram: um povo que se destacou na navegação de longa distância.

Os fenícios chegaram a controlar boa parte do comércio pelo mar Mediterrâneo. Observe o mapa.

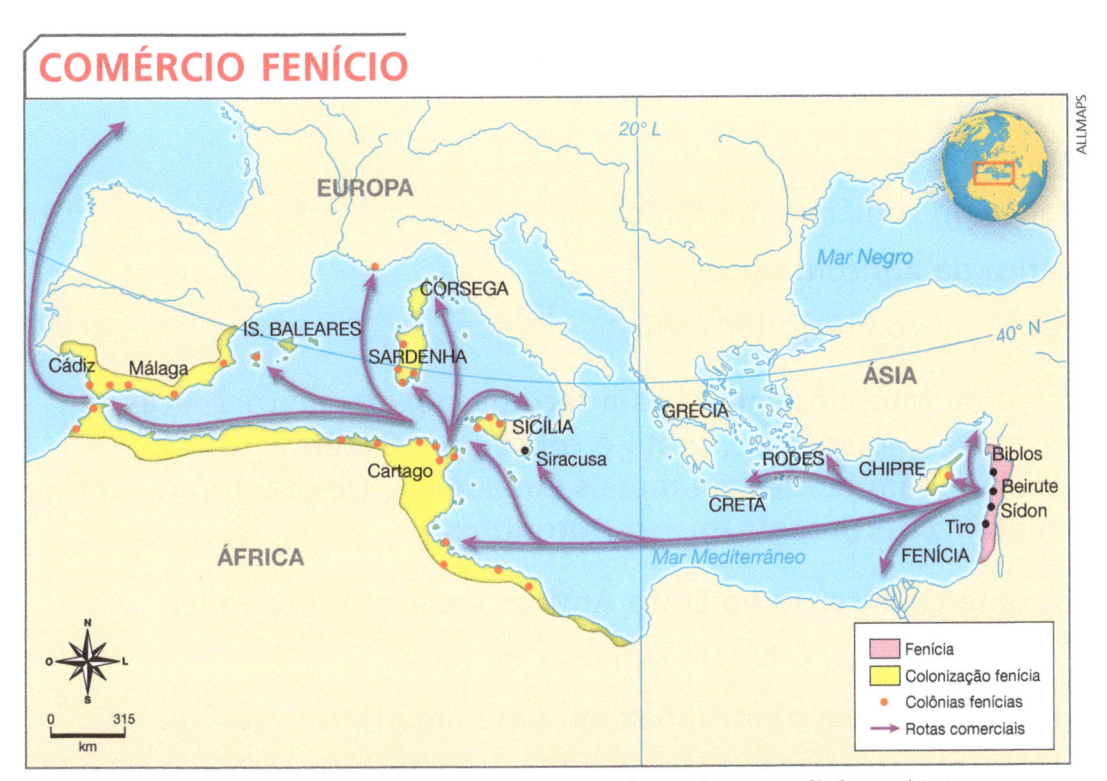

COMÉRCIO FENÍCIO

Fonte: Werner Hilgemann e Hermann Kinder. **Atlas histórico mundial**. Madri: Istmo, 1983. p. 38.

ATIVIDADES

1. Preencha a ficha com as características de uma cidade atual.

Características de uma cidade atual	

2. A cidade de Porto Alegre tem quase 250 anos. E a sua cidade, quantos anos tem?

3. Sobre a Mesopotâmia, é correto dizer que:
   a) é uma área formada por um grande deserto.
   b) possui uma planície cortada por dois grandes rios.
   c) é uma terra que permaneceu habitada por povos nômades.
   d) é uma região habitada somente por reis e comerciantes.

4. Na Mesopotâmia, a existência de uma planície cortada por rios está relacionada:
   a) ao nomadismo.
   b) à pratica do comércio marítimo.
   c) à prática da agricultura.
   d) à prática do comércio terrestre.

5. Os artesãos da Mesopotâmia faziam tecidos, objetos de cerâmicas, estátuas, móveis, joias, ouro, prata e cobre. Mas as terras da Mesopotâmia eram pobres em metais e madeiras. De que forma, então, os mesopotâmicos conseguiam esses produtos?

6. Sobre o comércio interno no Egito Antigo, é correto dizer que:
   a) era raro e utilizava somente estradas de terra.
   b) era intenso e usava o rio Nilo como uma importante via.
   c) era baseado na venda de artesanato para a Mesopotâmia.
   d) era feito através dos mares.

VOCÊ LEITOR!

O texto a seguir foi escrito por Marcelo Rede, professor da Universidade Federal Fluminense. Leia-o com atenção.

> Tanto o Eufrates como o Tigre nascem nas terras altas [...] na atual Turquia [...] e correm para o sul [...]. Em seu caminho, deixam uma planície de terras férteis, onde é possível praticar uma agricultura irrigada, cultivar grãos (trigo, cevada, [...]), tamareiras e várias outras plantas. A presença da água possibilitou a ocupação mais constante do território mesopotâmico [...].
>
> Marcelo Rede. **A Mesopotâmia.** São Paulo: Saraiva, 1997. p. 8. (Que história é esta?).

Tamareira: é uma espécie de palmeira africana.

1. Segundo o texto, o que estimulou a ocupação do território da Mesopotâmia?

_____
_____

2. Que informações o texto traz sobre a alimentação dos povos mesopotâmicos?

_____
_____

VOCÊ ESCRITOR!

Escreva algumas linhas sobre as principais vias de comércio usadas por cada um dos povos antigos que você conheceu neste capítulo. Dê exemplos.

CAPÍTULO 3

MEIOS DE COMUNICAÇÃO PASSADO E PRESENTE

Ao longo do tempo, os grupos humanos usaram os mais diferentes meios para se comunicar. Os antigos chineses, por exemplo, usavam o fogo das tochas, o colorido das bandeiras e os sinais de fumaça para avisar que o inimigo estava se aproximando da imensa Muralha da China.

A Muralha da China possui 5 mil quilômetros de extensão e milhares de torres de vigilância com 12 metros de altura cada uma. Instalados nas torres, os guardas avisavam do perigo acendendo tochas, agitando bandeiras coloridas e emitindo sinais de fumaça. Por esses meios, a mensagem ia de leste a oeste da China em algumas horas.

1. Que meios de comunicação os chineses usavam para avisar que o inimigo estava se aproximando?

_____

_____

2. Em dupla: Utilizando gestos, você comunica uma mensagem e seu colega tenta descobrir o que você disse; depois é a vez de ele fazer gestos e você adivinhar a mensagem.

A IMPRESSÃO DE LIVROS NA CHINA

Outros importantes meios de comunicação eram os impressos, como livros, jornais e revistas.

Os primeiros livros foram impressos na China há quase 1000 anos. Isso ocorreu quando o chinês Pi-Sheng criou blocos de cerâmica individuais, cada um deles contendo um ideograma, isto é, um desenho que representa uma ideia. Veja o ideograma da palavra felicidade, na imagem ao lado.

GUTENBERG E OS TIPOS MÓVEIS EM CHUMBO

Cerca de 400 anos depois dos chineses, os europeus começaram a imprimir livros. Isso ocorreu em 1440, quando o alemão Gutenberg descobriu um modo de produzir letras em chumbo, os chamados tipos móveis de imprensa. Com isso, tornou-se possível imprimir muitos livros de uma só vez.

Assim, um número maior de pessoas passou a ler livros. O primeiro livro impresso na oficina de Gutenberg foi a Bíblia.

Nesta imagem de cerca de 1600, à esquerda, trabalhadores estão dispondo os tipos móveis numa prancha de modo a formar frases. Ao centro, um aprendiz empilha as folhas impressas. À direita, um homem de chapéu e com barba está imprimindo textos e usa para isso uma prensa.

A IMPRENSA CHEGA AO BRASIL

A imprensa só chegou ao Brasil muito depois de ter sido aperfeiçoada por Gutenberg. Isso aconteceu em 1808, quando o príncipe português Dom João se estabeleceu no Rio de Janeiro. Foi nesse ano também que se criou o primeiro jornal brasileiro: a **Gazeta do Rio de Janeiro**.

A partir de então, começaram a circular entre nós diversos tipos de impressos, como jornais, livros e revistas.

A primeira revista brasileira para crianças se chamava **O Tico-tico** e foi publicada em 1905. De lá para cá, foram impressas no Brasil muitas outras revistas em quadrinhos, entre as quais o gibi **Zé Carioca** e a **Turma da Mônica**. Os jornais e as revistas tiveram importante papel na história e na cultura brasileiras.

Acima, capa da revista **O Tico-tico**, 1905. Ao centro, capa do gibi **Zé Carioca**, 1962. À direita, capa da revista **Turma da Mônica Jovem**, 2009.

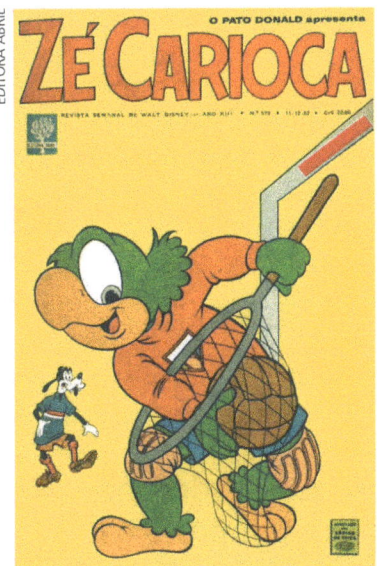

Com o avanço da tecnologia e as mudanças nos hábitos de consumo, os impressos também foram mudando.

1. Observe as imagens de dois suplementos infantis, encontrados nos jornais em diferentes tempos:

Capa do encarte O Globinho, jornal **O Globo**, 1938.

Capa do encarte Estadinho, jornal **O Estado de S. Paulo**, 2010.

- Complete o quadro de acordo com o que é possível observar:

	O Globinho 1938	Estadinho 2010
Público-alvo		
Cores		

2. O que é possível afirmar que mudou nos suplementos infantis dos jornais com a passagem do tempo?

60

RÁDIO

A invenção do rádio resultou do trabalho de diferentes cientistas. Um dos que mais contribuíram para essa invenção foi o italiano Guglielmo Marconi, que patenteou a descoberta em 1897.

A transmissão regular de programas de rádio começou em 1920 nos Estados Unidos. Com o rádio, pessoas que moravam distantes umas das outras, e que nunca tinham se visto, passaram a experimentar sentimentos parecidos, debater os mesmos acontecimentos, e a se sentir próximas.

No Brasil, a primeira emissora de rádio foi a Rádio Sociedade, fundada em 1923 na cidade do Rio de Janeiro. Ela foi criada por Roquete Pinto, o pioneiro do rádio no Brasil.

Inicialmente, o rádio tocava óperas como **O Guarani**, de Carlos Gomes, e apresentava programas educativos. A partir de 1930, as emissoras de rádio que foram surgindo passaram a apresentar também propagandas para vender um produto. Com isso, passaram a ter mais dinheiro e puderam investir em novos programas.

A ÉPOCA DE OURO DO RÁDIO

Os anos de 1940 e 1950 ficaram conhecidos como a época de ouro do rádio brasileiro. A líder de audiência era a Rádio Nacional do Rio de Janeiro. Os programas eram transmitidos ao vivo, isto é, no exato momento em que estavam acontecendo. O público acompanhava a vida pessoal dos astros e das estrelas; queria saber como se vestiam, do que gostavam, onde moravam.

A cantora Angela Maria, em fotografia de 1959.

TELEVISÃO

Assim como ocorreu com o rádio, a invenção da TV também foi um processo demorado. No Brasil, a televisão fez sua estreia em 1950. A primeira emissora de televisão brasileira foi a TV Tupi de São Paulo. Vinte e dois anos depois, foi a vez da TV em cores estrear. A primeira transmissão em cores foi a Festa da Uva, ocorrida na cidade de Caxias do Sul, no Rio Grande do Sul.

Nos anos que se seguiram à introdução da TV em cores, ocorreu o crescimento da Rede Globo, do jornalista Roberto Marinho. Esse crescimento deveu-se:

Primeira transmissão de TV em cores, em 1972, pela TV Difusora, de Porto Alegre. O acontecimento transmitido era a Festa da Uva de Caxias do Sul.

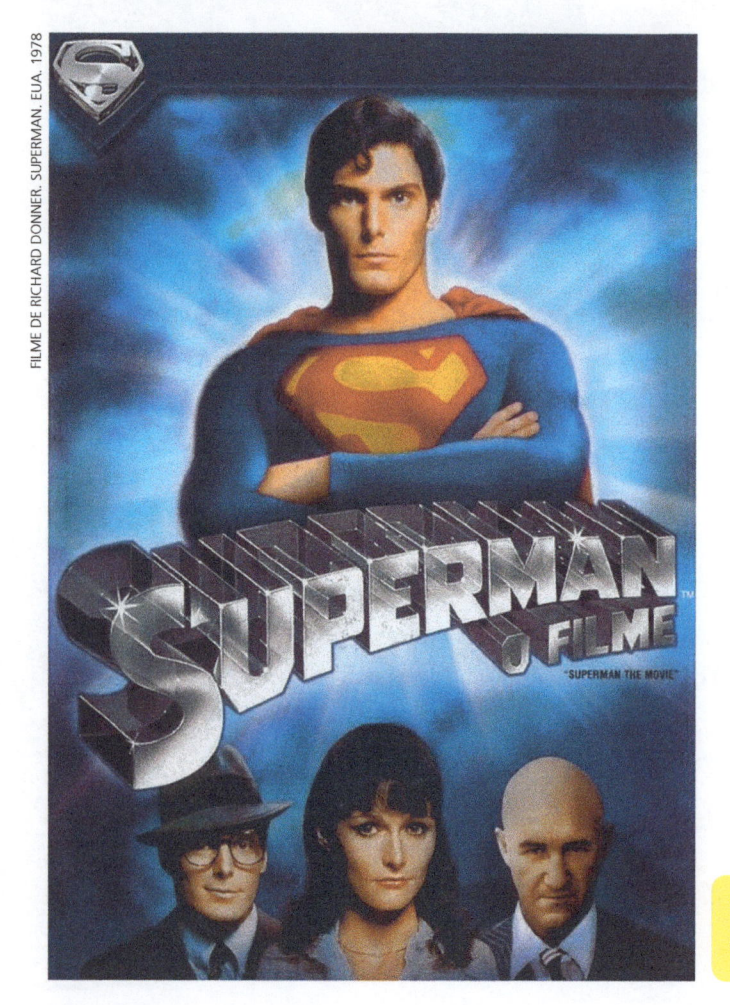

a) às transmissões ao vivo, de várias partes do mundo;

b) às novelas globais, nas quais trabalhavam centenas de profissionais: atores, diretores, cabeleireiros, câmeras, eletricistas, entre outros;

c) à exibição de filmes que antes só passavam nos cinemas. Filmes em cores como **Superman** passaram a ser exibidos na TV.

Superman, o filme, de 1978.

INTERNET

De alguns anos para cá, estamos vivendo uma revolução dos meios de comunicação: informações transmitidas em tempo real (instantaneamente) passaram a ligar pessoas, empresas e governos do mundo inteiro. Tudo isso graças à transmissão em rede, sendo a maior delas a internet (*net* quer dizer "rede", em inglês).

A internet é uma rede de informação. Ela ultrapassa fronteiras e não tem dono. Por meio dela, podemos:

a) ler jornais, revistas e livros;

b) visitar bibliotecas e museus de diferentes países;

c) fazer pesquisa sobre diversos assuntos;

d) bater papo pelas redes sociais;

e) baixar jogos que divertem e também instruem. Os jogos são os preferidos das crianças na hora de usar o celular, o *tablet* ou o computador.

Meninas vendo seu álbum de fotografias no celular.

CELULAR

Hoje o celular é usado por bilhões de pessoas ao redor do mundo, seja para trabalhar, seja para pesquisar ou brincar.

Mas isso não aconteceu de uma hora para outra; foram muitos anos de pesquisa e experimentos para que se conseguisse produzir o aparelho móvel conhecido como celular.

O primeiro celular é de 1973. Ele era bem maior que os atuais, pesava 1 quilo e sua bateria durava 20 minutos. A primeira chamada pelo celular foi feita de uma rua de Nova York pelo engenheiro Martin Cooper. Por isso, ele é considerado o pai do celular.

No Brasil, o primeiro celular foi lançado em 1990, no Rio de Janeiro. De seu lançamento até os dias atuais, os celulares foram sendo aperfeiçoados. Ganharam novas funções, como tirar fotos, gravar vídeos, e foram conectados à internet, sendo usados também para pesquisas escolares.

Vice-presidente da Motorola, John F. Mitchell, usando um celular que tinha acabado de ser fabricado, Nova York. EUA, 1973.

Meninas utilizando seus celulares. Eles não servem só para brincar. Algumas escolas brasileiras já usam celulares para estimular o aluno a pesquisar, comparar e filtrar as informações obtidas na internet.

ATIVIDADES

1. Ligue os programas de rádio aos conteúdos correspondentes.

   A. Esportivos
   B. Radionovelas
   C. Musicais
   D. Humorísticos
   E. Noticiários

   ☐ Novelas com efeitos especiais que imitavam sons.
   ☐ Divulgam os acontecimentos políticos, policiais e do dia.
   ☐ Transmitem jogos de futebol e outros.
   ☐ Apresentavam artistas famosos e *shows* de calouros.
   ☐ Programas com piadas e histórias para fazer as pessoas rirem.

2. O rádio fez sua estreia no Brasil em 1923 e, nas décadas seguintes, tornou-se cada vez mais popular. Em 1958, muitos brasileiros acompanharam a final da Copa do Mundo de Futebol pelo rádio. Naquela Copa o Brasil foi campeão do mundo pela primeira vez. Pesquise e preencha a ficha a seguir:

   ## FINAL DA COPA DE 1958

País onde aconteceu a partida	
Placar do jogo	
Jogador brasileiro revelado na Copa	

   DICA: Consulte os *sites*: <http://ftd.li/mbqdw2> e <http://ftd.li/tax8s3>. Acessos em: 13 jun. 2017.

3. Observe a linha do tempo a seguir:

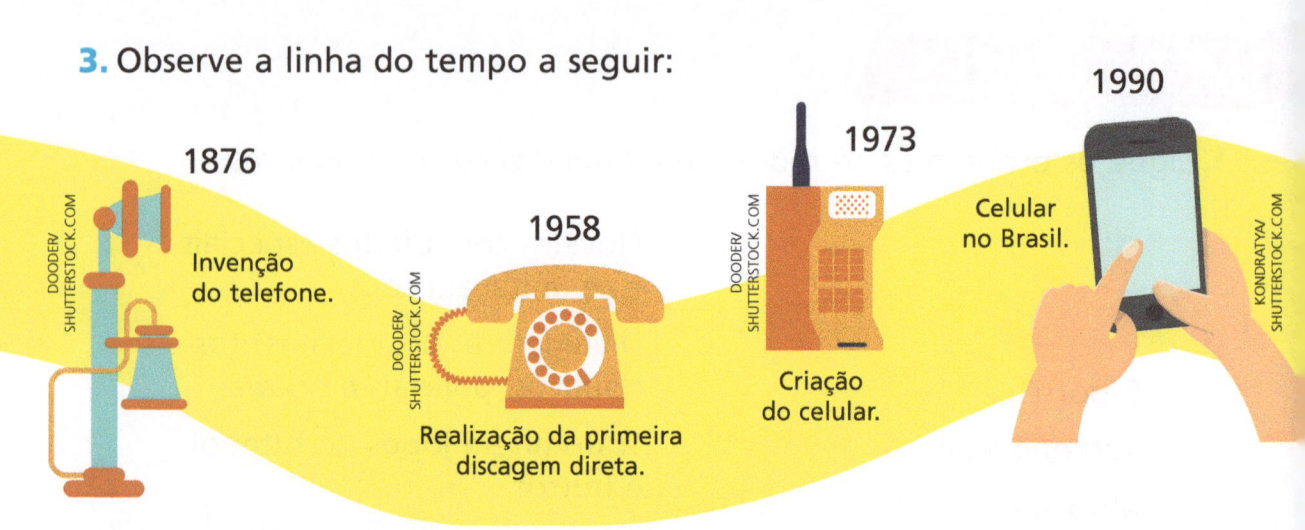

1876 — Invenção do telefone.

1958 — Realização da primeira discagem direta.

1973 — Criação do celular.

1990 — Celular no Brasil.

- Desenhe e escreva a solução para a mesma situação-problema em diferentes tempos:

Gustavo está brincando na quadra do bairro e se machuca. O que ele faria para avisar a família?

Antes de 1990	Atualmente

VOCÊ LEITOR!

A tirinha a seguir é do Adão Iturrusgarai. Leia-a com atenção.

Tirinha de Adão Iturrusgarai publicada em 2014.

1. Kiki respondeu que, para ela, ficar sem o celular era tranquilo. O que isso quer dizer?

_____

_____

2. A imagem do último quadrinho confirma ou contraria o que ela disse?

_____

_____

3. O que o autor da charge quis dizer ou criticar?

_____

_____

4. E você? Por quanto tempo consegue ficar sem o celular?

_____

_____

67

INTEGRANDO COM...
LÍNGUA PORTUGUESA

1. Você e seus colegas vão utilizar o dicionário para procurar o significado dos seguintes **verbetes**:

> **Verbete:** nos dicionários, são as palavras em negrito e seus significados.

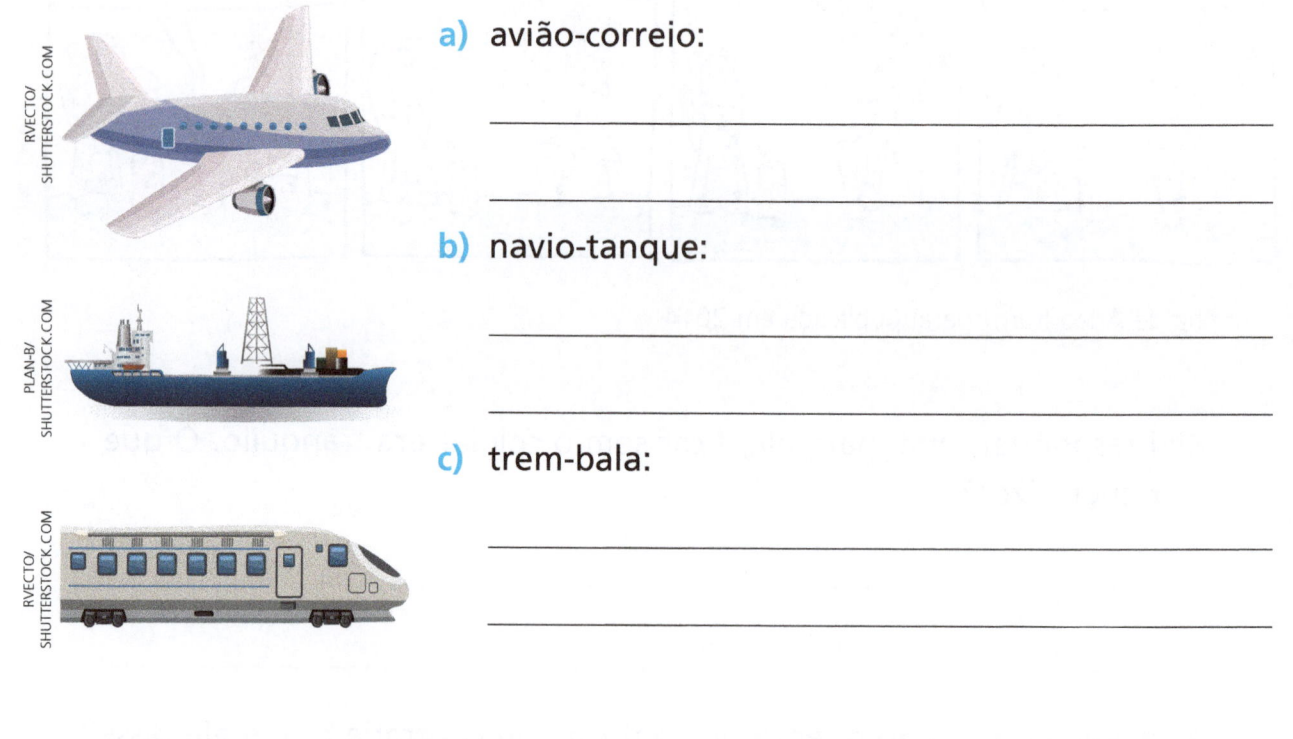

a) avião-correio:

_____

_____

b) navio-tanque:

_____

_____

c) trem-bala:

_____

_____

2. Observe a página do dicionário onde está a palavra "trem-bala". O que há em comum em todos os verbetes desta página?

_____

3. Assinale com um **X** os meios de transporte que também se deslocam em alta velocidade.

a) ☐ Charrete.

b) ☐ Carro de Fórmula 1.

c) ☐ Avião.

d) ☐ Bicicleta.

e) ☐ Barco a remo.

68

4. Complete as frases e preencha a cruzadinha. Observe o exemplo.

a) Eletrodoméstico que utilizamos para ver filmes e programas de vários tipos: __televisão__.

b) Telefone móvel de uso individual: _____.

c) Aparelho que utilizamos para ouvir músicas e notícias: _____.

d) Rede de comunicação e informação que conecta pessoas de todo o mundo: _____.

e) Feita a partir do fogo, era utilizada muito antigamente para enviar sinais: _____.

f) Comunicação escrita que enviamos dentro de um envelope: _____.

g) Publicação diária que traz notícias, quadrinhos, anúncios e reportagens. É comprado em bancas de revistas ou lido na internet: _____.

UNIDADE 3
INDÍGENAS, PORTUGUESES E AFRICANOS NA FORMAÇÃO DO BRASIL

Indígenas, portugueses e africanos foram importantes na formação do povo brasileiro.

O texto a seguir é atual; nele, a autora imagina e conta o primeiro encontro em terras brasileiras entre duas crianças portuguesas, Pedro e Ana, e duas crianças indígenas, o menino Aukê e a menina Irá. Leia-o com atenção.

Artesanato indígena na sede da AANA – Associação dos Artesãos de Novo Airão. Novo Airão. AM, 2009.

— Olá, eu sou a Ana e acho que tenho o tamanho de você aí — disse apontando para Irá. — Qual é o seu nome? — Perguntou à menina.

Claro que Irá não entendeu nada. No entanto, como Ana havia colocado a mão na própria cabeça [...] e na mesma hora disse seu nome, Irá resolveu imitá-la [...] e disse na sua língua:

— Eu me chamo Irá, sou mais rápida que um raio e adoro andar pela floresta.

Claro que Ana não entendeu nadinha. [...]

O diálogo maluco ia se desenvolvendo, até que Ana reparou que os dois índios estavam pelados. Por isso [...] se saiu com essa:

A caravela portuguesa.

— Tudo isso é muito interessante, mas por que vocês *insistem em andar nus*?

[...]

— Essa é boa! Acho engraçado ver vocês todos vestidos com mangas, calças e vestidos longos, sapatos ou botas nesse imenso calor. É por isso que estão suando tanto — disse Irá, rindo à solta. [...]

Pedro e Ana continuavam de boca aberta, sem entender nada, mas de um jeito ou de outro começavam a conversar por gestos e expressões. Tanto que os quatro começaram a rir. [...]

Lilia Moritz Schwarcz. **Uma amizade (im)possível:** as aventuras de Pedro e Aukê no Brasil colonial. São Paulo: Companhia das Letrinhas. p. 21-23.

- Observe a capa do livro e responda: que diferenças você vê entre a aparência de Pedro e a de Aukê?

  ___

Fac-símile da capa do livro **Uma amizade (im)possível**, da pesquisadora Lilia Moritz Schwarcz.

- Segundo o texto, qual foi a primeira barreira no contato entre as crianças indígenas e as portuguesas?

  ___

- O que Ana mais estranhou nos indígenas?

  ___

- O que as crianças indígenas mais estranharam nos portugueses?

  ___

CAPÍTULO 1

POVOS INDÍGENAS NO BRASIL

Hoje, há cerca de 1 milhão de indígenas vivendo em território brasileiro. Eles estão agrupados em 305 povos. A maior parte deles mora em aldeias situadas em áreas rurais; uma parte menor vive em cidades.

Fonte: Pedro Paulo Funari. **A temática indígena na escola**: subsídio para os professores. São Paulo: Contexto, 2011. p. 102.

TERRAS INDÍGENAS ATUAIS

DIALOGANDO

Observe o mapa desta página, consulte o mapa político do Brasil na página 159 e, se preciso, um mapa com a divisão regional do Brasil, e responda: em que região do Brasil há mais terras indígenas?

Jovem do povo kalapalo, Parque Indígena do Xingu. MT, 2011.

DIFERENÇAS ENTRE OS INDÍGENAS

Muitas pessoas ainda veem os indígenas como se fossem todos iguais. Isso, porém, não é verdade. Os povos indígenas são diferentes entre si. Há os tupiniquins, os xavantes, os kalapalos, os terenas e muitos outros. As diferenças entre os indígenas podem ser percebidas em vários aspectos de suas vidas, como, por exemplo, nos seus modos de viver e nas suas línguas.

Meninos do povo kalapalo dançando, Parque Indígena do Xingu. MT, 2016.

CADA POVO TEM UMA CULTURA

Cada um dos povos indígenas tem um jeito próprio de viver, construir moradias, caçar, pescar, plantar, colher, rezar, se pintar e festejar. Isto é, possui uma cultura própria.

Meninas do povo terena festejando, Campo Grande. MS, 2015.

DIALOGANDO

Observando as imagens desta página, é possível perceber diferenças nos modos de se vestir e se enfeitar desses dois povos?

CADA POVO TEM SUA LÍNGUA

Durante muito tempo se acreditou que todos os indígenas do Brasil falavam uma única língua, o tupi. Mas isto é um erro, pois tupi é um **tronco linguístico**, isto é, um conjunto de línguas, e não uma língua só. Depois, os estudiosos descobriram que, no território brasileiro, havia muitas outras línguas indígenas sem nenhuma relação com o tupi.

> **Tronco linguístico:** conjunto de línguas que têm a mesma origem. Há muitas línguas pertencentes ao tronco tupi; por exemplo, a língua juruna e a língua munduruku.

No Brasil atual são faladas cerca de 180 línguas indígenas. Boa parte dessas línguas pertence a dois grandes troncos linguísticos: o **tupi** e o **macro-jê**.

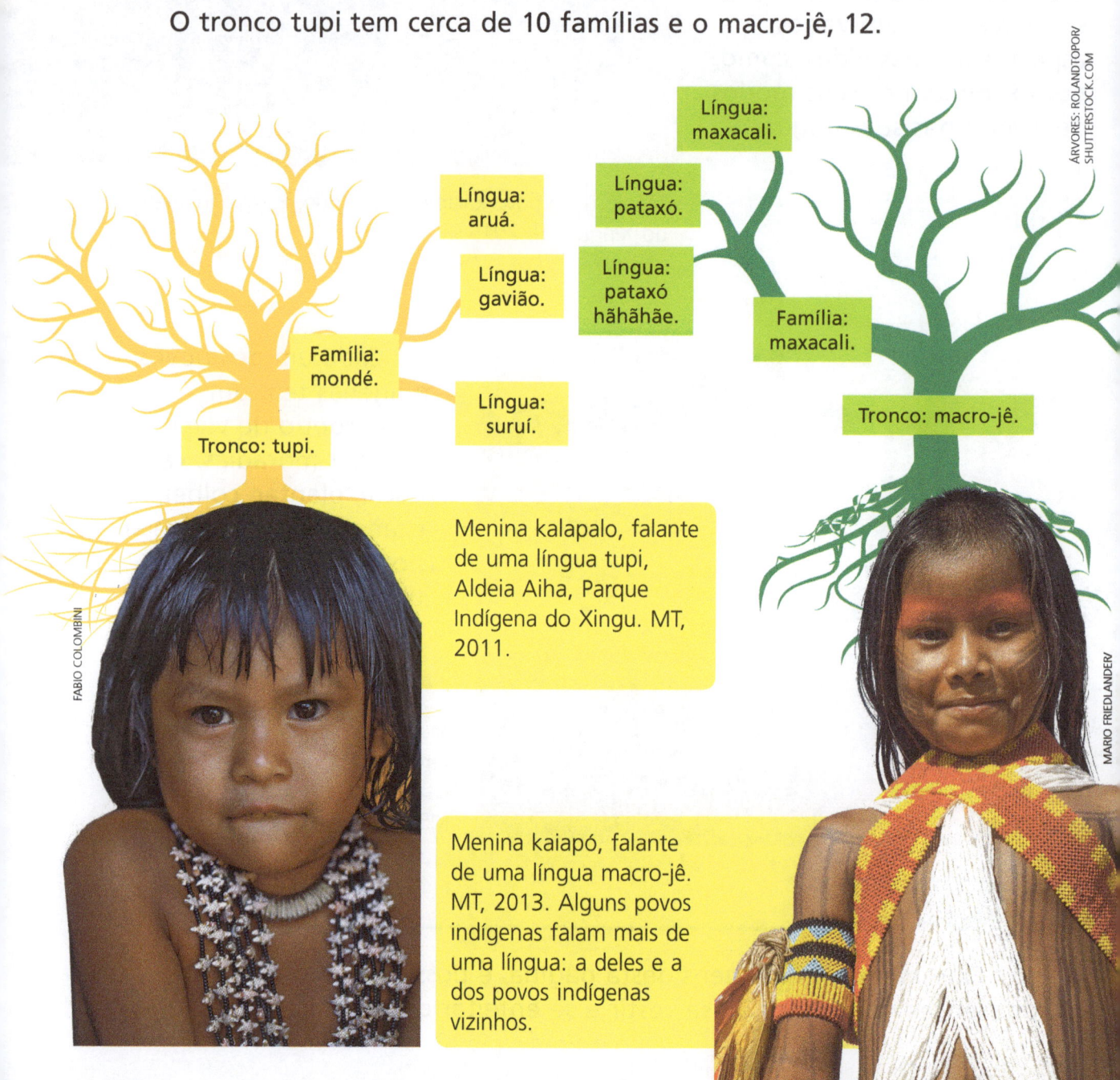

O tronco tupi tem cerca de 10 famílias e o macro-jê, 12.

- Tronco: tupi.
  - Família: mondé.
    - Língua: aruá.
    - Língua: gavião.
    - Língua: suruí.
- Tronco: macro-jê.
  - Família: maxacali.
    - Língua: maxacali.
    - Língua: pataxó.
    - Língua: pataxó hãhãhãe.

Menina kalapalo, falante de uma língua tupi, Aldeia Aiha, Parque Indígena do Xingu. MT, 2011.

Menina kaiapó, falante de uma língua macro-jê. MT, 2013. Alguns povos indígenas falam mais de uma língua: a deles e a dos povos indígenas vizinhos.

SEMELHANÇAS ENTRE OS INDÍGENAS

Vimos que há diferenças entre os indígenas, mas é preciso lembrar que, entre eles, há também semelhanças. Apresentaremos a seguir duas delas.

A TERRA PARA OS INDÍGENAS TEM UM VALOR SAGRADO

Os indígenas veem a terra como uma grande mãe que os acolhe e alimenta. Por isso, cuidam bem dela. Um dos cuidados dos indígenas é plantar em um mesmo pedaço de terra só por um tempo (dois anos, por exemplo). Depois, deixam essa área de terra descansando e vão plantar em outro lugar. Passados mais alguns anos, voltam para a terra onde haviam plantado inicialmente. Assim, não esgotam o solo e conseguem fazer as plantas darem bons frutos.

Crianças indígenas ralando milho. Aldeia Guarani Tenondé Porã, etnia guarani mbyá. Bairro de Parelheiros, São Paulo. SP, 2011.

Indígena do povo kalapalo colhendo milho caboclo, Parque Indígena do Xingu. MT, 2009.

O TRABALHO É DIVIDIDO ENTRE HOMENS E MULHERES

- Leia o que diz sobre isso uma mulher do povo pataxó:

> Logo cedo, [Os homens] tomam o café e, em seguida, vão para a roça plantar e capinar. À noite, caçam, buscam lenha no mato [...], pescam, fazem casas [...] e também têm obrigação de cuidar da família.
>
> [...] Nós, mulheres, trabalhamos muito em casa. Acordamos cedo para fazer o café, [...] logo arrumamos a casa, lavamos vasilhas e roupas e, em seguida, fazemos o almoço.
>
> Também cuidamos das crianças e, muitas vezes, ajudamos os homens na roça. Depois do almoço, fazemos artesanatos, [...] varremos o terreiro, [...] vamos à roça colher alimentos para o jantar.
>
> Angthicichay, Arariby, Jassanã, Manguahã, Kanátyo.
> **O povo Pataxó e suas histórias**. São Paulo: Global, 2002. p. 38.

Moça do povo pataxó, Porto Seguro. BA, 2014.

a) Com base no texto, identifique com a letra H as tarefas realizadas por homens e com a letra M as tarefas realizadas por mulheres.

- ☐ Capinar.
- ☐ Cozinhar.
- ☐ Caçar.
- ☐ Cuidar das crianças.
- ☐ Lavar a roupa.
- ☐ Obter lenha.
- ☐ Construir casas.
- ☐ Colher alimentos.
- ☐ Arrumar a casa.
- ☐ Pescar.
- ☐ Fazer artesanato.
- ☐ Plantar.

b) Durante muito tempo se disse que "índio é preguiçoso". Com base no relato dessa mulher pataxó, é possível dizer isso?

INDÍGENAS E PORTUGUESES: ENCONTROS E DESENCONTROS

Há mais de 500 anos, quando o navegador português Pedro Álvares Cabral aqui chegou, os indígenas eram muitos. Suas aldeias eram grandes (chegavam a ter 2 ou 3 mil pessoas) se comparadas às da Amazônia atual (com cerca de 200 pessoas). No litoral, a maior parte dos indígenas era falante de línguas tupis.

OS TUPIS

Os povos tupis tinham um jeito de viver bastante parecido. Moravam em casas grandes, feitas de madeira e cobertas de folhas de palmeira, onde viviam não apenas pai, mãe e filhos, mas também avós, primos, netos e outros membros da família. Os tupis se banhavam várias vezes ao dia e dormiam em redes.

Suas casas, as ocas, eram dispostas em torno de um pátio, local de festas e de reunião. Ao lado da aldeia, ficava a roça de plantio. E, em volta dela, a floresta, onde os tupis conseguiam materiais para construir suas moradias e caça para se alimentarem.

Nessa fotografia recente vê-se um kamayurá, indivíduo falante de língua tupi, construindo sua oca. Aldeia Kamayurá, Parque Indígena do Xingu. MT, 2014.

Entre os tupis, o poder era dividido. Cada grande casa tinha um líder, o morubixaba, que costumava conversar com as pessoas, ouvir suas opiniões e pedir conselhos aos mais velhos.

Era esse o modo de vida dos tupis quando os portugueses aqui chegaram.

O ENCONTRO

Em 22 de abril de 1500, o português Pedro Álvares Cabral e sua gente chegaram a Porto Seguro, na Bahia, terra habitada por **tupiniquins**.

Tupiniquins: um dos muitos povos falantes de língua tupi.

Os primeiros contatos entre os portugueses e os tupiniquins foram amigáveis. Os portugueses queriam o pau-brasil, árvore valiosa encontrada em grande quantidade entre o atual estado do Rio de Janeiro e onde hoje é o Rio Grande do Norte. Os indígenas, por sua vez, desejavam facas, espelhos e outros objetos que viam com os portugueses. Teve início, então, o comércio entre eles. Os nativos cortavam e transportavam o pau-brasil até os barcos portugueses. E, em troca, recebiam objetos úteis a eles: machados, pás, foices, facas, espelhos etc. Esse tipo de troca, em que não se usa dinheiro, é chamado de **escambo**.

COMÉRCIO DO PAU-BRASIL – 1556

Mapa de G. Gastaldi presente na coleção **Delle navigatione e viaggi**, de G. B. Ramusio. O último volume da coleção foi publicado em 1606.

💬 DIALOGANDO

a) O que se vê na cena circulada em azul?

b) O que se vê na cena circulada em vermelho?

c) E no mar, o que se vê?

d) A imagem desse mapa é uma fonte histórica escrita, visual, oral ou da cultura material?

O DESENCONTRO

Como vimos, os primeiros contatos entre os portugueses e indígenas foram amigáveis. Mas, em pouco tempo, os portugueses descobriram um negócio mais rendoso do que o comércio de pau-brasil: o cultivo da cana e a fabricação do açúcar. Decidiram então montar engenhos no Brasil e capturar indígenas para trabalharem para eles como escravos.

Daí em diante, o conflito passou a predominar no relacionamento entre portugueses e indígenas. No geral, desde o início, o contato com os portugueses foi desvantajoso para os indígenas, pelos seguintes motivos:

- as doenças trazidas pelos portugueses, como gripe, sarampo, tuberculose ou varíola, contra as quais os corpos indígenas não tinham defesa natural, provocaram muitas mortes entre eles.
- as armas de fogo empregadas pelos portugueses na guerra aos indígenas também causaram muitas mortes. Mas as doenças trazidas por eles mataram mais do que as armas de fogo.
- as guerras, pois os indígenas morriam resistindo aos portugueses ou aliando-se a eles para lutar contra outros europeus. Os tupiniquins, por exemplo, aliaram-se aos portugueses para fazer guerra aos franceses, aliados dos tupinambás.

Arte plumária rikbaktsa. Acervo Memorial da América Latina, São Paulo. SP, 2008.

Cocar de penas de arara-vermelha, da etnia yawanaá. Acervo Museu do Palácio Rio Branco. AC, 2015.

PALAVRAS INDÍGENAS USADAS PELOS BRASILEIROS NO DIA A DIA

Os indígenas estão presentes no dia a dia de todos os brasileiros; nos hábitos e no português falado no Brasil. Boa parte dos animais, vegetais e lugares do Brasil têm nomes indígenas de origem tupi. Conheça alguns deles:

Capivara – do tupi-guarani kapii'guara = comedor de capim. Corumbá. MS, 2011.

Tucano – do tupi-guarani tu--can = que bate forte. Poconé. MT, 2010.

Pipoca – do tupi-guarani pi(ra) = pele; poca = rebentar: a pele rebentada. Crianças comendo pipoca.

ATIVIDADES

1. Veja exemplos de manifestações culturais de dois povos indígenas brasileiros: os baniwas e os kadiwéus.

arumã: uma espécie de palmeira com caule liso e reto.

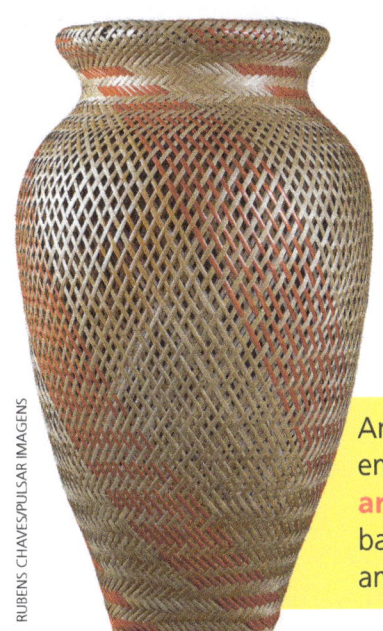

Artesanato indígena em cerâmica, povo kadiwéu. MT, 2008.

Artesanato confeccionado em trançado de fibra de **arumã** pelos indígenas baniwas da região amazônica. SP, 2015.

a) Preencha o quadro abaixo indicando as diferenças entre as obras desses dois povos:

	Diferenças quanto ao material utilizado	Diferenças quanto às cores empregadas
Baniwa		
Kadiwéu		

b) O que há em comum entre os objetos retratados?

_____

81

2. O trecho a seguir é da carta de Pero Vaz de Caminha ao rei de Portugal. Leia-a considerando que Caminha era o escrivão da esquadra de Pedro Álvares Cabral.

> A feição deles é serem pardos, maneira de avermelhados, de bons rostos e bons narizes, bem-feitos. Andam nus, sem nenhuma cobertura. Nem estimam de cobrir ou de mostrar suas **vergonhas**; e nisso têm tanta inocência como em mostrar o rosto. Os cabelos seus são **corredios**. E andavam **tosquiados**, [...] e rapados até por cima das orelhas. E um deles trazia [...] uma espécie de cabeleira de penas de ave amarelas [...].
> O Capitão, quando eles vieram, estava sentado em uma cadeira, bem vestido, com um colar de ouro mui grande ao pescoço. [...] Acenderam-se tochas. Entraram. Mas não fizeram sinal de cortesia, nem de falar ao Capitão nem a ninguém. Porém um deles pôs olho no colar do Capitão, e começou de acenar com a mão para a terra e depois para o colar, como que nos dizendo que ali havia ouro.
> Deram-lhes ali de comer: pão e peixe cozido, **confeitos** [...], mel e figos passados. Não quiseram comer quase nada daquilo; e, se alguma coisa provaram, logo a lançaram fora. [...]
>
> **A carta de Pero Vaz de Caminha**. Disponível em: <http://www.dominiopublico.gov.br/download/texto/ua000283.pdf>. Acesso em: 23 dez. 2017.

Vergonhas: partes íntimas.
Corredio: liso.
Tosquiado: cortado muito curto.
Confeito: pequeno doce.

Responda com base na carta de Caminha:

a) Lendo esse trecho da carta, é possível perceber que os portugueses tinham esperança de encontrar ouro na América? Justifique.

_____
_____
_____
_____

b) O que os indígenas estranharam no contato com os portugueses?

_____

_____

_____

c) O que os portugueses estranharam nos indígenas?

_____

_____

_____

_____

d) A carta de Pero Vaz de Caminha tem grande importância para a história do Brasil. Explique com suas palavras o motivo.

_____

_____

_____

3. De acordo com o trecho que você leu na carta de Pero Vaz de Caminha, é possível concluir que:

☐ os povos indígenas reagiram com violência à chegada dos europeus ao território brasileiro.

☐ portugueses e tupiniquins estranharam-se por possuírem costumes muito diferentes.

☐ os europeus tinham costumes parecidos com os dos indígenas, apesar da distância geográfica que havia entre eles.

☐ os tripulantes das naus portuguesas foram ofensivos e desrespeitosos com os indígenas desde o primeiro contato.

VOCÊ LEITOR!

O texto a seguir é de Yaguarê Yamã, um indígena do povo Maraguá, que habita o Amazonas. Leia-o com atenção.

A infância de um indígena

Foi na aldeia Yãbetué'y, onde vivi parte de minha infância, que aprendi muito do que sei hoje. Caçar, nadar, andar pelo mato, ouvir histórias e viver aventuras eram minhas atividades favoritas.

[...] Aprendi a nadar com uns quatro anos de idade. Na Amazônia, também chamada "mundo das águas", toda criança [...] aprende cedo a lidar com a água. Alguns com toda a certeza, aprendem a nadar ainda bebês.

Na minha aldeia, [...] o lugar de brincar que a criançada mais procurava era a beira de rio. E a brincadeira que mais nos divertia era o pega-pega dentro da água, que chamávamos manja ou pira.

[...]

O que gostava mesmo era de caçar, armar arapuca para pegar juruti e andar pela mata, tentando acertar algum passarinho com minhas flechas de penas de jacu, as melhores penas para pontaria. Tinha vezes que passava horas amoitado só para acertar num pássaro qualquer que desse para assar e comer junto com um gostoso pirão de farinha. Desse tipo de aventura era o que gostava.

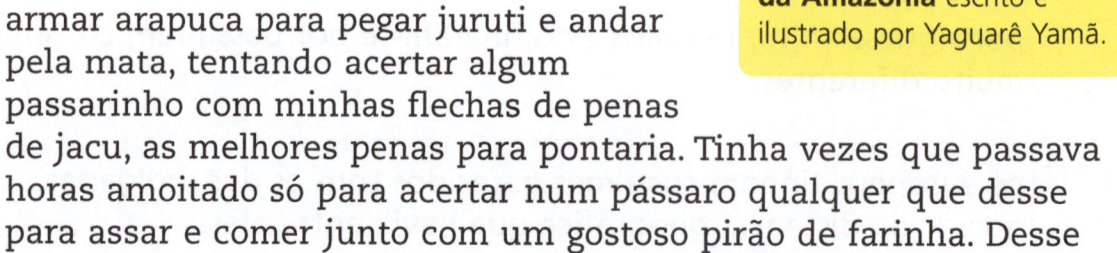

Yaguarê Yamã. **Kurumĩ guaré no coração da Amazônia.** São Paulo: FTD, 2007. p. 9-11.

Fac-símile da capa do livro **Kurumĩ guaré no coração da Amazônia** escrito e ilustrado por Yaguarê Yamã.

1. Preencha uma ficha sobre o texto.

Autor	
Lugar de brincar preferido	
Brincadeira preferida	
O que Yaguarê mais gostava de fazer	

VOCÊ ESCRITOR!

Escreva um texto sobre os primeiros anos de sua infância com base no seguinte roteiro:

- Nome completo.
- Onde você e seus colegas brincavam?
- Quais eram suas brincadeiras ou seus jogos preferidos?

_____
_____
_____
_____
_____
_____
_____
_____

CAPÍTULO 2

PORTUGUESES E ESPANHÓIS SE LANÇAM AOS MARES

Há cerca de 600 anos, os portugueses e os espanhóis velejaram por mares e oceanos desconhecidos em viagens longas e arriscadas, conhecidas como Grandes Navegações.

MONSTROS QUE ATACAM EMBARCAÇÕES

Navegar na época das Grandes Navegações era muito arriscado; as embarcações eram pequenas, os mapas eram cheios de erros, não havia nenhuma certeza do caminho, nem rádio para pedir socorro em caso de uma tempestade. E mais: os europeus daquela época acreditavam que o mar era habitado por monstros que atacavam embarcações.

Xilogravura de Olaus Magnus, de 1555. Um dos monstros marinhos que europeus daquela época acreditavam que existissem. Além do medo dos monstros, havia ainda outros desafios, como ventos desfavoráveis, fome e sede no interior do navio.

DIALOGANDO

a) O que se vê na imagem?

b) Além do perigo representado pelos monstros marinhos, que outros perigos os navegantes tinham de enfrentar?

Por que então os europeus decidiram fazer viagens tão arriscadas?

A MAGIA DAS ESPECIARIAS

Especiarias era o nome dado pelos europeus a temperos como pimenta, cravo, canela e gengibre trazidos das Índias. Como na época ainda não havia geladeiras, os europeus usavam especiarias para conservar a carne e tornar o seu sabor agradável. As especiarias serviam também para o preparo de remédios e perfumes. Conheça as mais procuradas da época.

Índias: nome que os europeus davam às ricas regiões do Oriente, como Índia, China e Japão.

Cúrcuma – É usada como tempero e também para tingir roupas. Também conhecida como açafrão-da-terra.

Cravo – É usado como tempero, em doces e salgados, e no tratamento das cáries.

Noz-moscada – É usada hoje na culinária (doçaria, molhos, carnes), na perfumaria e em tratamentos de saúde.

Canela – É a mais antiga das especiarias. Hoje, é usada na feitura de licores, de doces e como remédio, entre outras finalidades.

Gengibre – É usado na feitura de pães e doces, em molhos, pastas de dentes e chicletes.

Pimenta – Especiaria de sabor picante. Existem diversos tipos: há a pimenta longa, a pimenta malagueta (obtida na África) e as pimentas-de--cheiro, muito consumidas no Brasil.

DIALOGANDO

a) O que eram as especiarias?

b) De onde elas eram trazidas?

c) Você conhece algum doce em que se usa uma especiaria?

O QUE LEVOU OS PORTUGUESES AO MAR?

Os principais motivos das navegações portuguesas foram:

a) a busca por especiarias e artigos de luxo com o objetivo de enriquecimento rápido;

b) a intenção de converter outros povos ao cristianismo.

As navegações portuguesas, portanto, tiveram motivação econômica e religiosa.

Portugal foi o primeiro país europeu a fazer viagens de longa distância. Por que será que isso ocorreu?

Isto ocorreu por três motivos principais. Portugal:

a) possuía um reino organizado muito antes dos seus vizinhos;

b) tinha reis que apoiavam o comércio marítimo e comerciantes ativos e ricos;

c) possuía experiência na pesca em alto-mar de sardinha, bacalhau e atum;

d) aperfeiçoou o uso da bússola e desenvolveu a caravela.

Bússola. Permitia aos navegantes saber a direção em que o navio estava navegando.

Gravura de Théodore de Bry em que vemos naus e caravelas. Na época, o Porto de Lisboa era um dos mais movimentados da Europa, no período das Grandes Navegações. Obra produzida em 1592.

NAVEGAÇÕES PORTUGUESAS

No início das Grandes Navegações, poucas pessoas estavam preparadas para essas viagens. Às vezes, um navio afundava a uma pequena distância da costa e, mesmo assim, muitos de seus tripulantes morriam afogados.

Apesar disso, os portugueses foram conseguindo contornar a África em direção às Índias. Conheça alguns fatos importantes da expansão marítima portuguesa.

- **1443** – Os portugueses chegam ao rio do Ouro e, no ano seguinte, ao rio Senegal. Lá, erguem a primeira **feitoria** para comerciar com os africanos.
- **1482** – Erguem o castelo de São Jorge da Mina, e iniciam a exploração do Congo.
- **1488** – Bartolomeu Dias contorna o Cabo das Tormentas, que o rei de Portugal, dom João II, chamou de Cabo da Boa Esperança.
- **1498** – Vasco da Gama chega a Calicute, na Índia, de onde voltou com navios carregados de pimenta. O lucro dos portugueses com esta expedição foi enorme. Realizava-se, assim, o sonho português de chegar ao Oriente contornando a África.
- **1500** – Cabral chega ao Brasil.

EXPANSÃO PORTUGUESA – COSTA DA ÁFRICA (1443-1488)

Fonte: Manoel Mauricio de Alburquerque e outros. **Atlas histórico escolar**. 8. ed. Rio de Janeiro: FAE, 1986. p. 112-113.

Feitoria: armazéns fortificados, onde se comerciava ouro, marfim, sal, pólvora, pimenta e escravos.

Com isso, Portugal constituiu um grande império com terras em três continentes: África, Ásia e América.

89

NAVEGANDO COM OS ESPANHÓIS

Os espanhóis também queriam enriquecer com o comércio de especiarias. Por isso, buscavam um novo caminho marítimo para o Oriente. Em 1492, com o apoio dos reis espanhóis, o navegador Cristóvão Colombo velejou embalado por fortes ventos favoráveis em direção ao Ocidente e, em 12 de outubro de 1492, avistou terras onde é hoje a América. Mas, como pensou ter chegado às Índias, chamou de "índios" os diferentes povos que habitavam essas terras há milhares de anos.

A disputa pela América quase causou uma guerra entre portugueses e espanhóis. Em 1494, eles acabaram chegando a um acordo, chamado **Tratado de Tordesilhas**. Esse tratado riscou no mapa uma linha imaginária a 370 léguas das Ilhas do Cabo Verde. As terras a oeste dela pertenceriam à Espanha; as localizadas a leste seriam de Portugal.

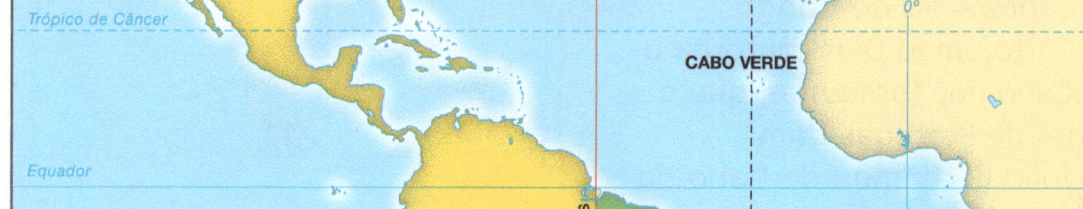

TRATADO DE TORDESILHAS (1494)

Hilário Franco Jr. e Ruy de O. Andrade Filho. **Atlas**: História Geral. São Paulo: Scipione, 1995. p. 37.

Como se vê, antes mesmo da chegada de Cabral, o Brasil já tinha sido dividido entre os europeus: uma parte de nosso atual território pertencia a Portugal; outra parte pertencia à Espanha.

CABRAL CHEGA ONDE HOJE É O BRASIL

A expedição de Vasco da Gama à Índia voltou a Portugal carregada de especiarias e deu aos portugueses um enorme lucro. Diante desse sucesso, o rei português Dom Manoel decidiu mandar uma outra expedição à Índia. Esta esquadra foi comandada por Pedro Álvares Cabral e partiu de Lisboa em 9 de março de 1500. O rei encarregou Cabral de conquistar para Portugal as terras que viesse a encontrar pelo caminho.

As caravelas de Cabral velejaram mais de um mês sem nada encontrar. Até que, na tarde do dia 22 de abril de 1500, uma quarta-feira, o grito de um marinheiro cortou o ar:

— Terra à vistaaaaa!

Todos correram para ver o que havia sido avistado: um monte verde-azulado de formas arredondadas, ao qual deram o nome de Monte Pascoal, pois era semana da Páscoa. Dois dias depois, desembarcaram junto a uma aldeia de indígenas tupiniquins, no lugar onde hoje é Porto Seguro, na Bahia.

Crianças pataxós na praia de Coroa Vermelha em Santa Cruz Cabrália. BA, 2000. A cruz é um marco da chegada dos portugueses nas terras onde hoje é o Brasil.

COLONIZAÇÃO PORTUGUESA NO BRASIL

Vimos que, no Brasil, a primeira atividade econômica importante desenvolvida pelos portugueses foi o comércio do pau-brasil com os indígenas. Ocorre que, na mesma época, os franceses também passaram a fazer escambo com os indígenas no litoral brasileiro levando daqui grandes quantidades de pau-brasil. Os portugueses combateram os franceses, mas o litoral brasileiro era extenso e de nada adiantou.

Batalha naval entre franceses e portugueses. 1562. Theodore de Bry.

Colonização: ocupação de uma terra por meio da exploração econômica de suas riquezas.

Por medo de perder as terras brasileiras para os franceses e interessado em produzir riquezas nessas terras, o rei de Portugal decidiu **colonizar** o Brasil, enviando pessoas para viverem aqui. Assim, Portugal passava a ser a **metrópole** do Brasil que, por sua vez, tornava-se **colônia** de Portugal.

A principal função da colônia era enriquecer a metrópole produzindo artigos de alto valor comercial na Europa. O Brasil-Colônia, por exemplo, devia produzir açúcar, mercadoria cara e desejada na época.

Em 1530, Martim Afonso de Souza veio para cá por ordem do rei para iniciar o cultivo da cana e a produção de açúcar em terras brasileiras. A expedição de Martim Afonso combateu os franceses; fundou São Vicente, a primeira vila brasileira; e ergueu o primeiro engenho brasileiro de produção de açúcar.

Ruínas do Engenho São Jorge dos Erasmos, uma das mais antigas provas materiais da colonização portuguesa no Brasil. Hoje esse antigo engenho de açúcar é um monumento nacional e um importante espaço turístico e cultural. Santos. SP, 2005.

Nos primeiros tempos, em São Vicente, Bahia e Pernambuco, os senhores de engenho capturaram índios e os puseram a trabalhar como escravos. Depois, começaram a substituí-los por africanos escravizados. A preferência pelos africanos como mão de obra nos engenhos de açúcar ocorreu pelas seguintes razões:

a) altos lucros obtidos com o comércio de pessoas da África para o Brasil;

b) a morte ou fuga dos indígenas que viviam no litoral antes dos portugueses;

c) a experiência dos portugueses com trabalhadores africanos nos engenhos das Ilhas de Cabo Verde e Madeira.

AS CAPITANIAS HEREDITÁRIAS

Entre 1534 e 1536, o governo português dividiu o território colonial em quinze imensas faixas de terra, as **capitanias hereditárias**, e entregou sua administração a doze homens, os capitães donatários. Observe o mapa.

Capitanias hereditárias: unidades administrativas cujas terras continuavam pertencendo a Portugal.

CAPITANIAS HEREDITÁRIAS (1534-1536)

O mapa ao lado, elaborado com base nas pesquisas de Jorge Cintra, mostra que as capitanias do norte da colônia eram divididas de forma vertical e não horizontal, como se pensava.

Fonte: REVISTA de História da Biblioteca Nacional, ano 10, n. 108, p. 12, set. 2014.

Como administradores, os donatários tinham deveres e direitos.

Os *deveres* dos donatários eram:	Os *direitos* dos donatários eram:
desenvolver a agricultura da cana-de-açúcar na capitania;	cobrar impostos em rios e portos;
expandir a fé cristã;	tirar para si parte do lucro no negócio do pau-brasil;
cuidar da defesa da capitania.	conceder sesmarias (grandes lotes de terra) aos colonos.

As terras das sesmarias eram concedidas somente a quem tivesse condições de produzir riquezas e dar lucro a Portugal. O donatário também tinha direito a uma grande sesmaria.

Poucas capitanias tiveram o sucesso esperado. Somente Pernambuco, Bahia e São Vicente prosperaram. As demais capitanias fracassaram devido à falta de recursos de alguns donatários; à grande extensão de terras a serem administradas; e à resistência dos indígenas à ocupação de suas terras.

GOVERNO-GERAL

Diante do fracasso da maioria das capitanias, o rei de Portugal decidiu aumentar seu controle sobre o Brasil. Para isso, criou, em 1548, o Governo-Geral.

No ano seguinte, chegou à Bahia o primeiro governador-geral, Tomé de Sousa. Com ele vieram também padres jesuítas; trabalhadores (pedreiros, carpinteiros e telheiros); e soldados. Com a ajuda deles, começou o trabalho de construção da cidade de Salvador, inaugurada em 29 de março de 1549.

As primeiras casas da cidade, todas muito simples, eram feitas de pau a pique (ripas de madeira e barro) e cobertas de palha. Essas casas e os armazéns foram construídos na parte baixa da cidade, chamada hoje de Comércio. Já a casa do governador, a casa da Câmara Municipal, onde os vereadores se reuniam, foram erguidas na parte alta.

Painel de azulejos portugueses representando a chegada de Tomé de Sousa em 1549 localizado em Salvador. BA, 2016.

ATIVIDADES

1. Que desafios os navegadores tiveram de enfrentar na época das Grandes Navegações?

_____

_____

2. Que motivos contribuíram para que Portugal fosse o primeiro país a se lançar nas Grandes Navegações?

_____

_____

_____

3. Observe as imagens com atenção e assinale a resposta correta.

Terra Brasilis, mapa de Lopo Homem, Pedro e Jorge Reinel, produzido em 1519.

Brasão das armas de Portugal.

Observando o brasão das armas de Portugal e as imagens no mapa, conclui-se que:

a) os símbolos utilizados por Portugal eram copiados por outras nações.

b) os portugueses utilizavam símbolos nacionais para marcar as terras que conquistavam.

96

c) os povos indígenas conheciam os marcos deixados pelos conquistadores portugueses.

d) as embarcações que cruzavam o oceano Atlântico possuíam imagens de cruz por serem da igreja.

4. Essa é uma imagem do Marco do Descobrimento, localizado na cidade de Porto Seguro, no estado da Bahia. Foi nesse lugar que a esquadra de Cabral provavelmente aportou.

   a) Localize com um X, na linha do tempo, o ano em que Cabral chegou a esse lugar.

   | 1500 | 1600 | 1700 | 1800 | 1900 | |

   b) Agora, preencha o último espaço na linha do tempo com o ano em que estamos.

   c) Quantos anos se passaram desde a chegada de Cabral?

Marco do Descobrimento, em Porto Seguro. BA, 2009.

5. Preencha o diagrama:

   a) um dos povos que liderou as Grandes Navegações.
   b) continente onde os portugueses conseguiram pimenta.
   c) continente onde está situado o Brasil.
   d) especiaria usada na feitura de pães e doces e em chicletes.
   e) a mais antiga das especiarias; usada hoje também como remédio.
   f) sinônimo de especiaria.
   g) nome que os europeus davam às regiões do Oriente.

```
a)  P
b)  I
c)  M
d)  E
e)  N
f)  T
g)  A
```

Pimentas variadas. Belém-PA.

VOCÊ LEITOR!

Fome nos navios

Se por causa de ventos contrários, tempestades ou erro do piloto a viagem se prolongasse, a fome atingia o navio. Nas viagens das Grandes Navegações, isso foi um fato comum. Veja o que o francês Jean de Léry (1534-1611) nos conta a respeito do que ocorreu no navio em que ele viajava:

> [...] a 12 desse mesmo mês [de maio], o nosso artilheiro morreu de fome, depois de ter comido as tripas cruas de seu papagaio, e foi como os outros lançado ao mar. [...] estávamos tão extenuados que daríamos graças a Deus caso fôssemos apresados por qualquer pirata que nos desse de comer. [...] Nessas alturas [...] a necessidade [...] lembrou a alguns a caça aos ratos e ratazanas que, também mortos de fome por lhes termos tirado tudo que pudessem roer, corriam pelo navio em grande quantidade. [...] Tivemos que cozinhar camundongos na água do mar, com intestinos e tripas, e dava-se a estas vísceras maior apreço do que [...] damos em terra a lombos de carneiros [...].
>
> Jean de Léry. **Viagem à Terra do Brasil**. São Paulo: Martins Fontes, 1960. p. 222-223.

Artilheiro: soldado que acionava os canhões e demais bocas de fogo para lançar projéteis a grande distância.
Apresados: presos.

1. O que a tripulação comia quando a fome atingia o navio?

_____

2. Interprete. O que o autor quis dizer com "dava-se a estas vísceras maior apreço do que damos em terra a lombos de carneiros"?

_____

_____

_____

3. Como você reagiria na hora da fome se fosse o tripulante de uma caravela portuguesa de 600 anos atrás?

_____

_____

_____

👫 VOCÊ CIDADÃO!

No interior das caravelas, havia desentendimentos e brigas entre os tripulantes. Mas havia também aqueles que passavam a viagem cuidando dos doentes e dividindo com eles a água e a comida que possuíam. Como você avalia esses gestos?

_____

_____

_____

_____

_____

CAPÍTULO 3

OS AFRICANOS ANTES E DEPOIS DOS EUROPEUS

A África é um continente com 54 países e muitos povos. Cada um desses povos fala, geralmente, mais de uma língua e possui costumes próprios.

Um grande número de brasileiros descende de africanos que, no passado, viviam onde hoje é a Nigéria, a República Democrática do Congo, a Angola e o Moçambique. Esse é um dos motivos da importância de se estudar a história da África no Brasil.

ÁFRICA – POLÍTICO (2017)

Fonte: ATLAS geográfico escolar. 6. ed. Rio de Janeiro: IBGE, 2012. p. 45.

1. Pinte de uma cor a seu gosto os países do território africano onde, no passado, viveram antepassados de milhões de brasileiros.

2. Escreva o nome dos dois oceanos que banham a África.

OS BANTOS

Na África, ao sul do deserto do Saara, viviam e vivem ainda hoje os **povos bantos**. Esses povos desenvolveram a agricultura e a **metalurgia**; construíram cidades prósperas e reinos extensos.

> **Povos bantos:** povos que possuem uma origem comum e falam línguas aparentadas.
>
> **Metalurgia:** técnica de extrair metais como ferro e cobre e depois transformá-los em pás, enxadas, armas etc.

REINO DO CONGO

Um dos mais importantes reinos criados pelos povos bantos foi o Reino do Congo. Contam os mais velhos que esse Reino foi fundado por um líder chamado Nimi-a-Lukeni. Ele e seu grupo atravessaram o rio Zaire e ergueram a cidade de Mbanza Congo, a capital do seu reino.

REINO DO CONGO (SÉCULO XV)

Fonte: Georges Duby. **Atlas historique mondial**. Paris: Larousse, 2011. p. 216, 230.

Os congos consideravam que o fundador de seu reino era um rei-ferreiro. Por isso, os ferreiros ocupavam uma posição de prestígio na capital Mbanza Congo, onde produziam instrumentos de trabalho, como pás e enxadas, e armas, como espadas e lanças.

Mbanza Congo, capital do Reino do Congo, numa ilustração publicada em 1686. A cidade ficava no alto de uma colina, contava com cerca de cem mil habitantes e era do tamanho das capitais europeias da época.

O rei do Congo tinha o título de **mani Congo**, senhor do Congo. O mani Congo tinha 12 auxiliares, quatro dos quais eram mulheres.

Aldeias e cidades pagavam impostos ao rei e, em troca, recebiam proteção. Geralmente, os impostos eram pagos em produtos como metais, alimentos, marfim e peles de animais. Com esses recursos, o rei mantinha a sua corte e seus servidores. A moeda do Congo era o *nzimbu*, uma espécie de concha marinha obtida na ilha de Luanda; a exploração dessas conchas era exclusiva do rei.

No Congo o comércio era intenso. De Mbanza Congo partiam caravanas que iam ao interior buscar ou levar produtos, com especial destaque para o ferro e o sal.

Conchas *nzimbu*, que serviam como moeda no Reino do Congo.

🧍 VOCÊ LEITOR!

Os provérbios a seguir são do Congo e foram recolhidos pelo escritor, pesquisador e compositor Nei Lopes, um dos maiores conhecedores das culturas e histórias da África e dos afro-brasileiros. Leia-os com atenção.

> 1. O saber é melhor que a riqueza. [...]
> 2. Amor é como criança: precisa muito de carinho. [...]
> 3. Um pouco de delicadeza é melhor que muita força. [...]
> 4. Não importa se a noite é longa, pois o dia sempre vem. [...]
>
> Nei Lopes. **Kitábu**: O livro do saber e do espírito negro-africanos. Rio de Janeiro: Editora Senac Rio, 2005. p. 66-67.

Nei Lopes em fotografia de 2009.

1. Você concorda com o provérbio número 1? Justifique.

2. Interprete qual o significado de "Não importa se a noite é longa, pois o dia sempre vem".

🧍 VOCÊ ESCRITOR!

- Peça aos adultos da sua família para lhe ensinarem dois provérbios que eles conhecem. Escreva-os em uma cartolina e crie desenhos para eles. E, a seguir, monte com seus colegas um mural com o título: "Provérbios do 4º ano".

OS IORUBÁS

Assim como os bantos, os iorubás também foram importantes na formação cultural do Brasil.

Os iorubás viviam nas terras da atual Nigéria, na África ocidental, e tornaram-se conhecidos por suas cidades de ruas retas e mercados movimentados. Entre as principais cidades iorubás daquela época estavam Ifé, Keto e Oió. O berço da cultura iorubá era Ifé, local onde tudo começou.

A partir de 1830, os iorubás foram trazidos em grande número da África para a Bahia. Repare na semelhança física e nos trajes das duas mulheres.

CIDADES IORUBÁS (SÉCULOS XII A XV)

Fonte: Eliesse Scaramal (Organizadora). **Para estudar a história da África**. (Projeto Abá estudos africanos para qualificação de professores do Sistema básico de Ensino/ Coordenação Geral/ Projeto Abá: Léo Carrer Nogueira). Anápolis: Núcleo de Seleção UEG, 2008. p. 44.

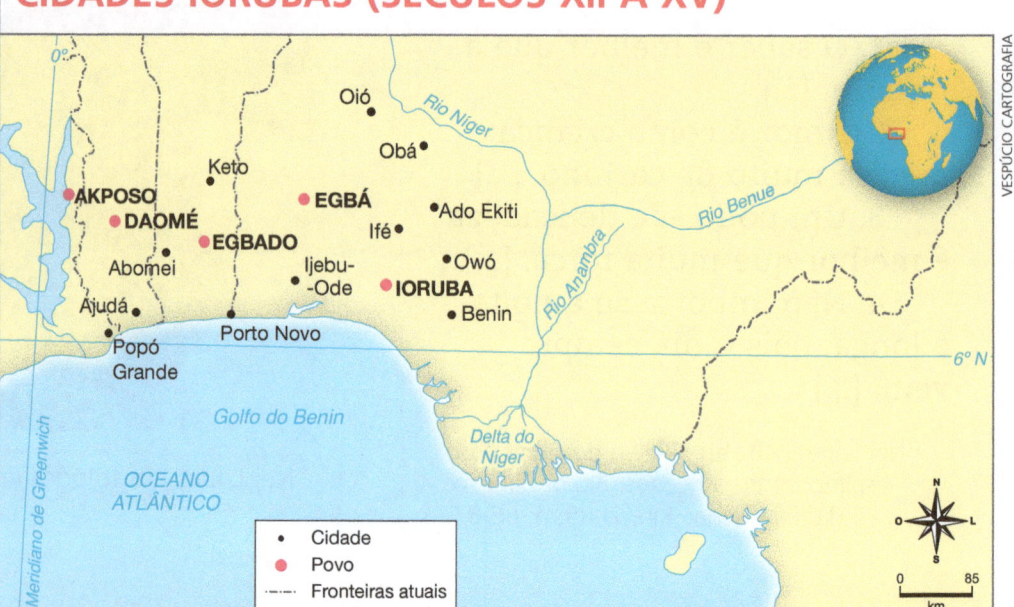

As cidades iorubás eram independentes umas das outras, mas se ligavam por terem religião e histórias em comum e falarem a mesma língua.

Mulher nigeriana.

Baiana do acarajé Sueli Bispo: tabuleiro com vários alimentos, entre os quais vatapá e camarão usados no acarajé, Salvador, BA, 2009.

A principal atividade econômica nas cidades iorubás era o comércio. Seus comerciantes (homens e mulheres) circulavam por terra e pelos rios da região, vendendo artesanato em couro, metal e marfim, além de peles de leopardo, pimenta, noz-de-cola.

A noz-de-cola é uma planta nativa da África e muito consumida nas regiões quentes do continente. Guiné, África.

AFRICANOS NO BRASIL

Os africanos não vieram por vontade própria para o Brasil; foram trazidos à força para trabalhar como escravos. O comércio de pessoas da África para o Brasil pelo oceano Atlântico é chamado de tráfico atlântico.

Moça da cidade de Elmina, Gana, 2014. Muitos ancestrais dessas mulheres foram trazidos para o Brasil como escravos.

PRINCIPAIS PORTOS DE EMBARQUE DE AFRICANOS (SÉCULOS XVI-XIX)

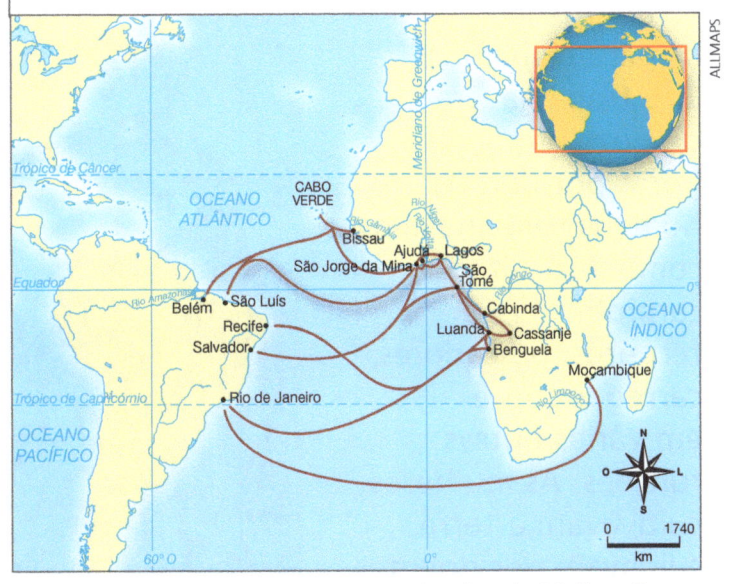

Fonte: Marina de Mello e Souza. **África e Brasil africano**. São Paulo: Ática, 2006. p. 82.

Mulher angolana, 2013.

Os africanos entrados no Brasil eram de diversos lugares da África. A maior parte deles saiu pelos portos de Cabinada, Luanda e Benguela. Outra parte saiu pelos portos de São Jorge da Mina, Ajudá, Lagos e Bissau. E uma minoria saiu pelo porto de Moçambique.

DIALOGANDO

a) Qual o assunto do mapa?

A VIAGEM

O comércio de africanos durou mais de 300 anos. E, durante esse longo tempo, o Brasil recebeu milhões de africanos. As condições de viagem eram muito ruins. No navio, os africanos escravizados viajavam apertados e recebiam pouco alimento e água.

Os navios iam superlotados: onde cabiam 100 pessoas iam 300 pessoas e muitas morriam durante a viagem. Mesmo assim, o lucro dos traficantes era grande: o preço de venda de um lote de escravizados era, em média, três vezes maior que o de compra.

Nos mercados do Rio de Janeiro, Salvador, Recife e São Luís, os escravizados eram examinados e comprados.

O TRABALHO

Os africanos não vieram para o Brasil por vontade própria; foram trazidos para cá para trabalhar. Eles trabalhavam de doze a quinze horas por dia. Os homens trabalhavam como agricultores, carpinteiros, ferreiros, pescadores, carregadores e em várias outras funções. As mulheres cultivavam a terra, cuidavam dos doentes, colhiam e moíam a cana, lavavam, passavam, faziam partos, vendiam doces e salgados etc.

Negro e Negra da Bahia, litografia de Johann Moritz Rugendas produzida em 1835.

VIOLÊNCIA E CASTIGOS

Os escravizados eram vigiados de perto e castigados por qualquer pequena falta, como conversar ou se distrair no trabalho. Os castigos eram muitos: entre eles, estavam o pelourinho, onde os escravizados eram amarrados e chicoteados; a palmatória, usada para golpear as mãos; e a máscara de flandres, que permitia à pessoa respirar, mas a impedia de se alimentar.

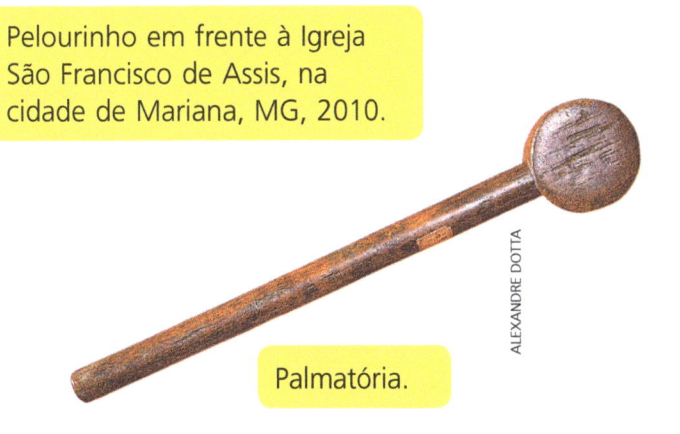

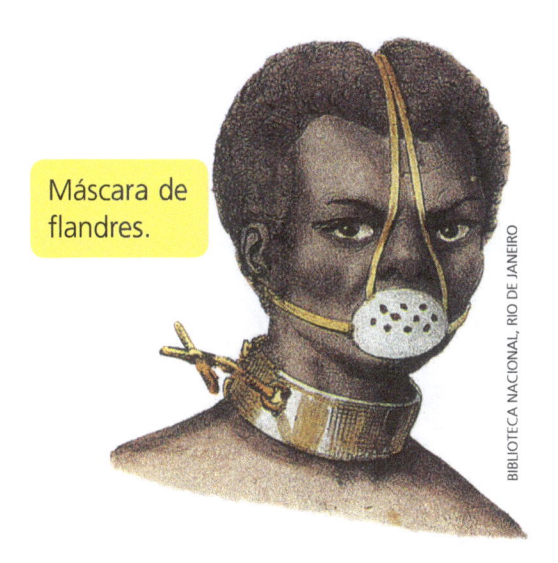

Pelourinho em frente à Igreja São Francisco de Assis, na cidade de Mariana, MG, 2010.

Palmatória.

Máscara de flandres.

Integrantes da banda feminina Didá durante uma apresentação no Pelourinho, Salvador, BA, 1998. Note que as percussionistas utilizam réplicas da máscara de flandres.

RESISTÊNCIA

Mas, onde houve escravidão, houve resistência. No Brasil, os escravizados se revoltaram sobretudo contra:

– o excesso de trabalho;

– os castigos corporais;

– o fato de o senhor não cumprir com a palavra quando um escravizado conseguia juntar dinheiro para comprar sua **carta de alforria**.

Os escravizados também resistiam jogando capoeira, promovendo festejos, como o jongo, e fugindo sozinhos ou em grupo e formando **quilombos**.

> **Carta de alforria:** documento de libertação obtido geralmente após longos anos de trabalho.
> **Quilombos:** agrupamentos de pessoas fugidas da escravidão.

A CAPOEIRA

Dança e luta ao mesmo tempo, a capoeira foi uma forma de diversão e defesa desenvolvida no Brasil pelos africanos e seus descendentes.

Homens jogando capoeira em Prado. BA, 2014.

O JONGO

O jongo é uma manifestação cultural de raiz banta que se desenvolveu durante a expansão das fazendas de café pelo interior paulista. Ele inclui canto, dança e percussão de tambores.

Grupo de Jongo de Piquete apresenta essa dança de roda de origem africana com acompanhamento de tambores e solista na cidade de Piquete. SP, 2007.

OS QUILOMBOS

Os africanos e seus descendentes resistiam também desobedecendo, negociando melhores condições de vida e trabalho, fugindo sozinhos ou com companheiros e formando quilombos.

Existiram quilombos por todo o território nacional, desde a Amazônia até o Rio Grande do Sul. Alguns eram pequenos (20 ou 30 habitantes), outros eram grandes (com milhares de habitantes).

O QUILOMBO DOS PALMARES

O maior e o mais duradouro de todos os quilombos brasileiros foi o dos Palmares. Teve início numa noite de 1597, quando cerca de 40 escravizados fugiram de um engenho do litoral nordestino para a Serra da Barriga, uma região montanhosa situada no atual estado de Alagoas.

Os palmarinos viviam em liberdade num conjunto de povoações chamadas mocambos (de *mukambo*, "esconderijo" em quimbundo).

Quimbundo: língua do grupo banto falada em Angola.

Para sobreviver, plantavam milho, feijão, mandioca e batata-doce; criavam porcos e galinhas; caçavam raposas e tatus; confeccionavam objetos de cerâmica e madeira e faziam vasos, enxadas, pás e pilões.

A produção de cada mocambo era distribuída entre os seus membros. As sobras eram guardadas para as épocas de guerra, colheita ou festa, ou para serem trocadas nas vilas mais próximas, como a de Alagoas.

Cena do cotidiano em Palmares baseada em pesquisa histórica. Em Palmares, os africanos e seus descendentes eram maioria.

O 20 DE NOVEMBRO

Desde cedo, os poderosos enviaram expedições contra Palmares. As primeiras expedições foram derrotadas pelos quilombolas.

Durante a guerra, destacou-se um jovem guerreiro nascido em Palmares e de nome **Zumbi**.

A guerra se prolongou por muitos anos, até que o **mercenário** Domingos Jorge Velho e 6 500 homens usando balas de canhão destruíram Palmares.

Em 6 de fevereiro de 1694, a "capital" de Palmares foi incendiada. Zumbi conseguiu escapar e resistiu por meses. Depois, traído por um homem de sua confiança, foi morto em 20 de novembro de 1695.

Em 1978, a comunidade negra brasileira transformou o dia 20 de novembro – aniversário da morte de Zumbi – no **Dia Nacional da Consciência Negra**.

> **Mercenário:** que trabalha sem outro interesse que não o dinheiro.
> **Zumbi:** provavelmente está associado a Nzumbi, título que os povos bantos davam a um chefe militar e religioso.

Festa de Cultura Afro em homenagem ao Dia da Consciência Negra realizada em uma escola municipal no Quilombo de Sobara, no município de Araruama. RJ, 2015.

ATIVIDADES

1. Por que é importante conhecermos e estudarmos a história da África?

2. Preencha o quadro a seguir com informações sobre o Reino do Congo.

Líder que fundou o Reino do Congo	
Capital do Reino do Congo	
Título dado ao rei do Congo	
Moeda do Congo	
Como o rei do Congo e sua corte sobreviviam?	

3. As palavras a seguir são derivadas de línguas bantas e estão presentes no português falado no Brasil. Escreva o significado daquelas que você conhece e use o dicionário para aquelas que você desconhece.

a) Cafuné: _____

b) Caruru: _____

c) Bagunça: _____

d) Catimba: _____

e) Maculelê: _____
_____

f) Quiabo: _____

4. Complete as sentenças sobre os iorubás.

a) Apesar de independentes, as cidades iorubás tinham _____ e _____ comuns e falavam a mesma _____.

b) Entre as principais cidades _____ daquela época estavam _____, _____ e _____.

c) A cidade de _____ é a _____ religiosa dos _____.

5. Complete o diagrama:

a) conjunto de povos falantes de línguas bantas.

b) metal que os bantos usavam para fazer pás, enxadas e lanças.

c) nas sociedades africanas, pessoas responsáveis por guardar e transmitir história, música e poesia de um povo.

d) povos que habitam o sudoeste da Nigéria.

e) principal atividade econômica dos iorubás.

f) um dos oceanos que banham a África.

a)		A						
b)		F						
c)		R						
d)		I						
e)		C						
f)		A						

113

INTEGRANDO COM...
GEOGRAFIA E LÍNGUA PORTUGUESA

Observe o mapa com atenção.

PAÍSES DA COMUNIDADE DE LÍNGUA PORTUGUESA (2017)

1. Os países nomeados no mapa pertencem à Comunidade dos Países de Língua Portuguesa (CPLP). Pesquisem sobre um dos nove países da CPLP. Com os dados em mãos, preencham a ficha a seguir.

Nome: _____.

Capital: _____.

Língua oficial: _____.

Continente: _____.

Moeda: _____.

Número de habitantes: _____.

Fontes: ATLAS geográfico escolar. 6. ed. Rio de Janeiro: IBGE, 2012. p. 32; COMUNIDADE DOS PAÍSES DE LÍNGUA PORTUGUESA. Disponível em: <https://www.cplp.org/id-2597.aspx>. Acesso em: 16 jun. 2017.

2. Pesquisem imagens dos países escolhidos por vocês. Elaborem uma exposição fotográfica sobre a CPLP.

3. A distância entre o Rio de Janeiro, no litoral do Brasil, e Angola, no litoral da África, é grande. Mas, do ponto de vista cultural, há grande afinidade entre esses países. Pesquise e explique o porquê.

4. No Brasil fala-se português porque foi colônia de Portugal. Por que será que nos outros países destacados no mapa também se fala a língua portuguesa?

UNIDADE 4
ABOLIÇÃO E IMIGRAÇÃO

Com o declínio e o fim da escravidão no Império brasileiro, aumentou a entrada de imigrantes europeus no Brasil.

- Observe as imagens desta página dupla e procure perceber as relações entre elas.

FONTE 1

Emigrantes aguardando embarque rumo à América no porto de Gênova, Itália. Ilustração da Achille Beltrame, publicada em 8 de dezembro de 1901 em um jornal italiano.

a) Na imagem é possível ver pessoas de diferentes idades? Justifique.

_____

_____

b) Em que situação elas estão sendo mostradas?

_____

_____

c) A mulher desenhada no canto inferior direito mostra alegria ou preocupação?

_____

d) Que nome você daria a essa obra?

_____

FONTE 2

Observe o quadro com atenção.

Terreiro de café, pintura de Rosalbino Santoro, 1903.

a) Que construção se vê no canto superior direito?

_____

_____

b) Quem provavelmente habitava nas casas pequenas mostradas no canto esquerdo?

_____

c) O que os trabalhadores mostrados no terreiro de café estão fazendo?

_____

d) De que origem são os trabalhadores que estão no terreiro?

_____

_____

117

CAPÍTULO 1 ABOLIÇÃO

O PROCESSO QUE CONDUZIU À ABOLIÇÃO

No Brasil, a escravidão durou mais de 300 anos. Durante esse longo tempo, as pessoas escravizadas eram a principal força de trabalho na economia brasileira.

Os escravizados plantavam, colhiam, transportavam, moíam, construíam casas e nelas trabalhavam cozinhando, lavando e passando. Na fotografia abaixo, são mostrados trabalhando em uma fazenda de café.

Fotografia tirada por Marc Ferrez na Fazenda Quititi, em Jacarepaguá, Rio de Janeiro. RJ, 1875.

DIALOGANDO

a) Onde os escravizados estão trabalhando?

b) Quem será o menino loiro visto à direita em um triciclo? E a mulher grávida ao lado dele?

c) E as crianças sentadas em roda no chão?

d) Faça uma pesquisa e traga a resposta na aula seguinte. A foto é de 1875; na época, o café era importante para a economia brasileira?

OS MOTIVOS DA ABOLIÇÃO

O processo de lutas que conduziu à abolição da escravatura durou um longo tempo.

Os principais motivos da Abolição foram:

a) a luta dos próprios escravizados por liberdade;
b) a pressão da Inglaterra pelo fim do comércio de escravos;
c) o movimento abolicionista.

A LUTA DOS ESCRAVIZADOS

Os escravizados resistiam à escravidão desobedecendo a seus senhores, jogando capoeira, promovendo revoltas, fugindo e formando quilombos.

Houve revoltas contra a escravidão em várias partes do Brasil. Um exemplo foi a Revolta Escrava de 1835, em Salvador, na Bahia. Outro exemplo foi a Revolta de Manoel Congo, em Pati de Alferes, no Rio de Janeiro, em 1838.

Nas duas revoltas, os rebeldes foram vencidos pelas autoridades.

Na Bahia, os líderes foram mandados de volta para a África. No Rio de Janeiro, o líder Manoel Congo foi executado na forca. Mesmo assim, essas duas revoltas contribuíram para enfraquecer a escravidão.

Fac-símile da capa do livro **Negociação e conflito**, de João José Reis e Eduardo Silva. O livro analisa a resistência dos escravizados no Brasil.

A INGLATERRA CONTRA O COMÉRCIO DE ESCRAVOS

Durante muito tempo, a Inglaterra lucrou com a venda de escravos. Mas, no início do século XIX, esse país passou a combater o comércio de escravos para o Brasil por dois motivos principais:

a) a Inglaterra queria ampliar a venda de suas mercadorias. Para isso, precisava de trabalhadores assalariados, já que os escravizados não tinham dinheiro para comprar mercadorias inglesas;

b) uma parte das pessoas e dos políticos da Inglaterra opunha-se à escravidão por considerá-la desumana.

Por isso, em 1845, a Inglaterra declarou guerra ao tráfico negreiro, dando à sua Marinha o direito de perseguir, prender e bombardear os navios que transportassem africanos escravizados. Essa lei foi chamada de **Bill** (lei) **Aberdeen**.

Cedendo às pressões da Inglaterra, o governo do imperador Dom Pedro II aprovou, em 1850, a **Lei Eusébio de Queirós**, que proibiu definitivamente a entrada de escravos no Brasil. Com isso, o movimento abolicionista, um movimento social pelo fim da escravidão, ganhou força em nosso país.

Ao fundo, navio da Marinha inglesa persegue tumbeiros, embarcações especializadas no comércio de africanos. Ilustração de J. Cooper publicada em 1873.

O MOVIMENTO ABOLICIONISTA

O movimento abolicionista era liderado por pessoas livres que não se conformavam com a existência da escravidão.

Eram jornalistas, engenheiros, advogados, escritores e políticos. Vários deles haviam sido vítimas de preconceito racial por serem de origem negra ou por terem amigos negros. Em passeatas, comícios, artigos de jornal, livros e panfletos, pediam o fim da escravidão no Brasil.

Entre os abolicionistas havia políticos de família tradicional, como o pernambucano Joaquim Nabuco, e afro-brasileiros, como o jornalista José do Patrocínio, e o **rábula** Luís Gama.

Liberto: ex-escravo.

Rábula: pessoa que exerce oficialmente a profissão de advogado, mas não era formada em Direito.

Joaquim Nabuco era jornalista, político e escritor. Filho de uma família ilustre da província de Pernambuco, ele defendia a ideia de que a escravidão impedia o progresso do Brasil.

José do Patrocínio era jornalista, orador e abolicionista atuante. Redator de **A Gazeta de Notícias**, usou a palavra escrita para lutar pela Abolição. Na Academia Brasileira de Letras ocupou a cadeira de nº 21.

André Rebouças dizia que não bastava abolir a escravidão; além disso, era necessário dar aos **libertos** um pedaço de terra onde pudessem morar e trabalhar. Essa ideia assustava os fazendeiros escravistas.

AS LEIS E A REALIDADE

Além de toda a pressão interna pela Abolição, muitos governos estrangeiros pediam que Dom Pedro II acabasse com a escravidão no Brasil. Para responder a essas pressões, o governo brasileiro aprovou as chamadas leis abolicionistas.

Lei do Ventre Livre (28/9/1871): dizia que os filhos da mulher escrava, nascidos a partir dessa data, seriam considerados livres. Essa lei dizia também que até os 8 anos a criança ficava sob a autoridade do senhor de sua mãe. Aí o fazendeiro escolhia: ou recebia do governo a quantia de 600 mil-réis e entregava a ele o menor, ou continuava usando os seus "serviços" até os 21 anos.

Vendedora de frutas. Fotografia de Rodolpho Lindemann. Bahia, cerca de 1890.

Lei dos Sexagenários (28/9/1885): declarava livres as pessoas com 60 anos. Mas, como indenização, deveriam trabalhar gratuitamente mais três anos. Ou então só seriam livres com 65 anos. Onde iriam arranjar emprego com essa idade? Seu destino: perambular pelas estradas pedindo comida ou pedir ao senhor para continuar trabalhando para ele.

Senhor José Bonifácio Bernardes Pedra, que nasceu na década da Lei dos Sexagenários. Fotografia de 1939.

Lei Áurea (13/5/1888):

Art. 1º É declarada extinta a escravidão no Brasil.

BRASIL. Lei nº 3.353. Disponível em: <http://www.planalto.gov.br/cCivil_03/LEIS/LIM/LIM3353.htm>. Acesso em: 19 abr. 2017.

A Lei Áurea foi comemorada por todo o país com festas, missas campais e comícios, que reuniram um grande número de pessoas. Terminada a festa, porém, os libertos perceberam que não tinham nenhum pedaço de terra para trabalhar, nem emprego, nem moradia, nem instrução ou apoio do governo.

OS AFRODESCENDENTES APÓS A ABOLIÇÃO

Alguns libertos continuaram trabalhando para seus senhores em troca de um pequeno salário. A maioria deles, porém, foi para as cidades em busca de emprego. Nas cidades, os patrões preferiam empregar os imigrantes europeus. Diante disso, os libertos tiveram de aceitar os piores serviços e morar nos morros e cortiços das cidades. Uns poucos, no entanto, conseguiram melhorar de vida.

Família negra do século XX moradora do morro no Rio de Janeiro.

Família negra de classe média no início do século XX.

O SAMBA NA CASA DE TIA CIATA

Apesar de tantas dificuldades, os afrodescendentes não desistiram de buscar uma vida melhor. Para amenizar a luta diária pela sobrevivência, criavam espaços de lazer, clubes esportivos e centros religiosos. Um dos lugares mais animados era a casa da Tia Ciata, nome pelo qual era conhecida a baiana Hilária Batista de Almeida.

Em uma roda de samba ocorrida na casa dela foi criado o primeiro samba gravado em disco, **Pelo Telefone**, composto por Donga e Mauro de Almeida. Tia Ciata liderava um grupo de baianas que vendia deliciosos doces e quitutes. Suas festas duravam dias. Na casa de Tia Ciata os espaços eram divididos da seguinte forma: na sala de visita tocava-se choro; nos fundos da casa, o samba de partido-alto e, no terreiro, batucada.

ARTISTAS AFRODESCENDENTES

No pós-Abolição, os artistas e intelectuais afrodescendentes participaram intensamente da vida cultural do país. Entre eles, cabe citar escritores como Lima Barreto; compositores como Chiquinha Gonzaga e músicos como Pixinguinha.

O músico, compositor e maestro Alfredo da Rocha Viana Filho, mais conhecido como Pixinguinha. Fotografia de 1961.

ATIVIDADES

1. Leia este documento dos tempos do Brasil Império.

> Vende-se uma preta de idade 30 e tantos anos, sabendo cozinhar, lavar e engomar, tendo um filho de três meses de idade; também se venderá uma filha da mesma que tem de 13 a 14 anos de idade. Para tratar na rua Direita nº 2.
>
> **A Província de São Paulo**, 16 ago. 1876.

a) O texto é um anúncio de jornal. Quando e onde foi publicado?

___

b) O que a leitura do texto permite concluir?

___

___

2. Leia o quadro com atenção.

Período	1845	1846	1847	1848	1849	1850
Número de escravizados entrados no Brasil	19 453	50 325	56 172	60 000	54 000	23 000

Fonte: Emilia Viotti da Costa. **Da senzala à colônia**. São Paulo: Unesp, 1966. p. 75.

Imediatamente após a lei Bill Aberdeen, em 1845, ocorreu:

a) ☐ a diminuição da entrada de africanos no Brasil.

b) ☐ a entrada de africanos manteve-se estável.

c) ☐ o fim da entrada de africanos no Brasil.

d) ☐ o aumento da entrada de africanos no Brasil.

3. Que motivo econômico levou a Inglaterra a combater o comércio de escravizados para o Brasil?

a) ☐ O alto custo da mão de obra escrava, o que encarecia o café.

b) ☐ O desejo de ampliar a venda de suas mercadorias para o Brasil.

c) ☐ Os gastos com alimentação e saúde dos escravos.

d) ☐ A intenção de impedir a industrialização brasileira.

4. Preencha o quadro a seguir com informações sobre as chamadas leis abolicionistas.

Lei	Ano	O que determinava?
Lei Eusébio de Queirós		
		Declarava livres os filhos da mulher escrava nascidos a partir da data de publicação da lei.
Lei dos Sexagenários	1885	
		Declarava extinta a escravidão no Brasil.

5. Após a aprovação da Lei Áurea, os libertos:

a) ☐ compreenderam que as dificuldades que sempre enfrentaram iriam terminar.

b) ☐ perceberam que, com a Lei Áurea, eles seriam integrados à sociedade.

c) ☐ descobriram que, mesmo com a mudança da condição de escravo para liberto, teriam dificuldade de conseguir terra e trabalho.

d) ☐ viram a sua vida melhorar, já que a Abolição significava garantia de emprego e de melhor condição de vida.

VOCÊ LEITOR!

O Museu da Pessoa é um museu de histórias de vida fundado em São Paulo, em 1991. Desde sua origem, tem como objetivo registrar, preservar e transformar histórias de vida em informação.

Leia a seguir a história de Vó Maria.

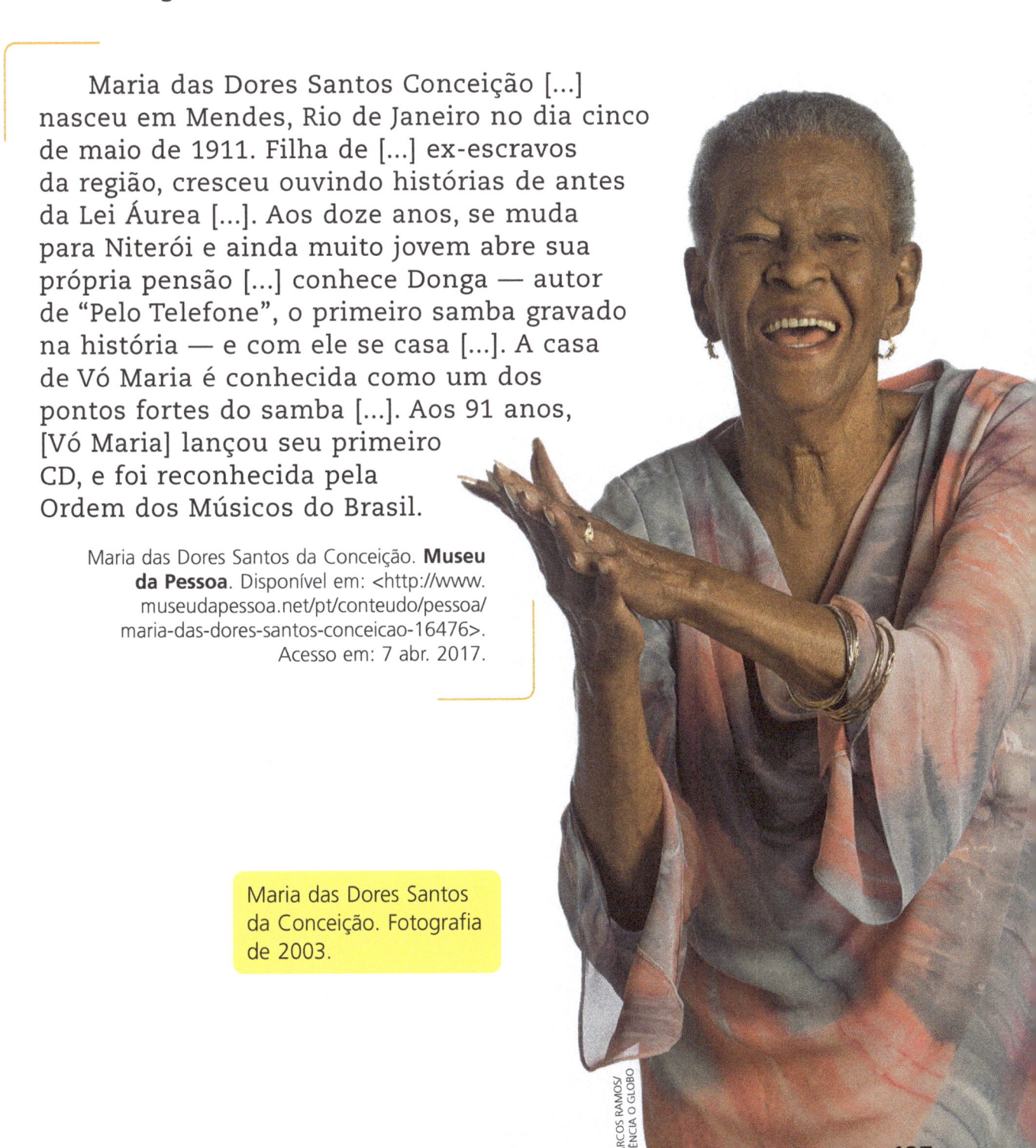

Maria das Dores Santos Conceição [...] nasceu em Mendes, Rio de Janeiro no dia cinco de maio de 1911. Filha de [...] ex-escravos da região, cresceu ouvindo histórias de antes da Lei Áurea [...]. Aos doze anos, se muda para Niterói e ainda muito jovem abre sua própria pensão [...] conhece Donga — autor de "Pelo Telefone", o primeiro samba gravado na história — e com ele se casa [...]. A casa de Vó Maria é conhecida como um dos pontos fortes do samba [...]. Aos 91 anos, [Vó Maria] lançou seu primeiro CD, e foi reconhecida pela Ordem dos Músicos do Brasil.

Maria das Dores Santos da Conceição. **Museu da Pessoa**. Disponível em: <http://www.museudapessoa.net/pt/conteudo/pessoa/maria-das-dores-santos-conceicao-16476>. Acesso em: 7 abr. 2017.

Maria das Dores Santos da Conceição. Fotografia de 2003.

1. O relato da vida de Vó Maria, como ficou conhecida a D. Maria das Dores Santos da Conceição, é uma fonte histórica que nos ajuda a conhecer:

    a) ☐ um aspecto da escravidão no Império.

    b) ☐ aspectos da vida da comunidade negra no pós-Abolição.

    c) ☐ a vida de uma negra na atualidade.

    d) ☐ os principais sambas da época em que Vó Maria viveu.

2. A entrevista concedida por Vó Maria ao Museu da Pessoa pode ser considerada uma fonte histórica:

    a) ☐ escrita.   b) ☐ oral.

    c) ☐ visual.   d) ☐ da cultura material.

VOCÊ ESCRITOR!

- Imagine que você é um escravizado e crie um texto para contar como você se sentiu no dia em que foi anunciado o fim da escravidão (13 de maio de 1888).

___
___
___
___
___
___
___

CAPÍTULO 2

DA EUROPA PARA A AMÉRICA

Entre 1890 e 1930, 50 milhões de pessoas deixaram a Europa e vieram para a América em busca de uma vida melhor. Parte delas veio para o Brasil. O grupo mais numeroso que entrou no Brasil naquela época foi o dos italianos.

DIALOGANDO

Leia a letra da canção "América, América!", tema da colonização italiana no Rio Grande do Sul.

América, América!

1ª
Da Itália nós partimos
Partimos com nossa honra
Trinta e seis dias de máquina e vapor,
e na América chegamos.

2ª
América, América, América,
o que será esta América?
América, América, América,
um belo ramalhete de flores.

3ª
E na América chegamos
não encontramos nem palha e nem feno
Temos dormido no nu terreno
como os animais vamos descansar.

Ângelo Giusti. **América, América!** Tradução: Lauri Cericato. Disponível em: <http://www.al.rs.gov.br/filerepository/repLegis/arquivos/12.411.pdf>. Acesso em: 19 abr. 2017.

Família de imigrantes chegando à América, mais precisamente em Nova York, Estados Unidos. 1908.

a) Lendo o poema e observando a imagem, o que você imagina sobre a partida dos imigrantes para a América?

b) Leia a segunda estrofe e responda: o autor tem uma visão positiva ou negativa da América? Justifique.

c) O que é possível imaginar sobre o início da vida dos italianos no Brasil lendo a terceira estrofe?

POR QUE OS EUROPEUS VIERAM PARA O BRASIL?

a) **As guerras que estavam ocorrendo na Europa, sobretudo na Itália e na Alemanha.**

Essas guerras levaram boa parte da população ao empobrecimento e ao desemprego.

b) **Falta de terra para plantar.**

Em países como Itália e Alemanha, muitos camponeses tinham perdido suas terras, não encontravam emprego nas cidades e, por isso, passavam fome.

c) **A necessidade de trabalhadores nos cafezais.**

No Brasil, com a expansão das fazendas de café em direção ao interior de São Paulo, a necessidade de trabalhadores aumentou. Sobretudo depois da Lei Eusébio de Queirós, que proibia o tráfico de africanos escravizados.

d) **A força da propaganda.**

Na segunda metade do século XIX, os cafeicultores paulistas pagavam pela propaganda do Brasil na Europa, descrevendo a América como um paraíso. Era prometido aos camponeses que, em alguns anos de trabalho, deixariam de ser empregados para serem donos de uma terra.

Sem terra, sem trabalho e seduzidos por forte propaganda, muitos camponeses europeus deixaram a Europa e emigraram para o Brasil.

Propaganda de viagens saindo da Itália para a América.

IMIGRANTES NO SUL

Muitos europeus, sobretudo alemães, italianos e poloneses, vieram para o Sul viver em áreas doadas pelos governos de Dom Pedro I e Dom Pedro II: **as colônias**.

SÃO LEOPOLDO: UMA COLÔNIA ALEMÃ

São Leopoldo, a primeira colônia alemã no Brasil, foi fundada em 1824, no Rio Grande do Sul, por um grupo de 39 alemães. Na ocasião, cada família recebeu um lote de terra.

Tiveram início na região o plantio de árvores frutíferas, legumes e verduras e a criação de porcos. Os colonos também cultivavam o trigo para fazer pão e a cana-de-açúcar para a feitura de *schmier* (geleia de frutas).

São Leopoldo progrediu rapidamente. Em 1855 já contava com 12.000 pessoas, e possuía marcenarias, serralherias, fábricas de sabão, de azeite e vários **curtumes**.

| **Curtume:** estabelecimento onde se curte couro.

Abaixo, fotografia de vista externa da Casa Histórica de São Leopoldo-RS, 2007. À esquerda, foto da vista interna dessa casa-museu. Nas paredes desse cômodo, vemos fotos de famílias de imigrantes alemães que povoaram a área onde hoje é São Leopoldo.

OS ITALIANOS NO SUL

Os italianos começaram a chegar ao Sul por volta de 1875, onde fundaram as colônias de Caxias (hoje Caxias do Sul), Conde D'Eu (atual Garibaldi) e Dona Isabel (hoje Bento Gonçalves), todas no Rio Grande do Sul. A colonização italiana, então, avançou por todo o nordeste gaúcho.

Hoje, essa região guarda muito da cultura italiana. Na cidade de Bento Gonçalves, por exemplo, é comum ver mulheres preparando massas e pães para os seus maridos e filhos, enquanto eles trabalham nos parreirais, cantando em **vêneto**, atentos à safra de uva com a qual farão o vinho tão habitual na mesa das famílias italianas.

Vêneto: dialeto da maioria dos imigrantes italianos entrados no Brasil, na época.

Colheita de uva tipo Isabela em Bento Gonçalves. RS, 2015.

Vinícola Salton no Vale dos Vinhedos, em Bento Gonçalves. RS, 2007.

OS POLONESES NO SUL

Os poloneses também vieram para o Sul, sobretudo para o Paraná.

POLONESES NO BRASIL (1870-1920)	
Paraná	43 000
Rio Grande do Sul	34 300
Santa Catarina	6 700
Total	84 000

Fonte: Alfredo Boulos Júnior. **Imigrantes no Brasil (1870-1920)**. São Paulo: FTD, 2000. p. 17. (O Sabor da História).

Tão logo chegavam, construíam suas casas com os pinheiros típicos da região. Em seguida, limpavam um pedaço de terra, lançavam as sementes e começavam sua horta.

Os gêneros mais cultivados pelos poloneses eram os mesmos que eles tinham o hábito de consumir na sua terra natal: o centeio, a batata e o repolho.

Alemães, italianos ou poloneses, os imigrantes estabelecidos no Sul tiveram um começo difícil: os lotes reservados a eles ficavam distantes das cidades; as terras nem sempre eram boas para o cultivo dos gêneros a que estavam acostumados; o isolamento dificultava a adaptação e o progresso. Muitos, porém, trabalharam duro, persistiram e conseguiram melhorar de vida.

Imigrantes poloneses no Paraná. Cerca de 1890.

IMIGRANTES EM SÃO PAULO

A partir de 1871, o governo paulista começou a pagar as passagens de famílias imigrantes e a oferecer alojamento e oportunidades de trabalho. Com isso, a vinda deles para o Brasil se intensificou.

Os imigrantes desembarcavam no porto de Santos e de lá subiam a serra em direção à cidade de São Paulo, onde ficava a Hospedaria dos Imigrantes. Lá eram contratados e seguiam para o interior paulista de trem.

Nas fazendas de café paulistas, trabalhavam no sistema de colonato; ou seja, recebiam um salário pelo trabalho no cafezal e tinham a permissão para plantar milho, mandioca e feijão e criar animais para consumo próprio ou para venda.

Tal como acontecia nos campos da Itália, todos os membros da família do colono trabalhavam (idosos, adultos, crianças). As mulheres tinham um papel destacado na família, pois ajudavam na cozinha, no cuidado com os filhos e dividiam com o marido o trabalho no cafezal.

Fotografia de imigrantes italianos na colheita de café em Araraquara. SP, cerca de 1902. Observe a presença de mulheres e crianças no trabalho.

ATIVIDADES

1. Leia o texto a seguir com atenção.

> Enganados por uma propaganda ilusória, poloneses, alemães, espanhóis, italianos, portugueses e, mais tarde [...], japoneses foram tomados por uma febre imigratória. Estima-se que mais de 50 milhões de europeus abandonaram seu continente de origem em busca da tão desejada "liberdade", que vinha sob a forma de propriedade e emprego.
>
> [...] E, se as origens eram muitas, em comum havia o desejo de "fazer a América".
>
> Lilia M. Schwarcz e Heloisa M. Starling. Brasil: uma biografia. São Paulo: Companhia das Letras, 2015. p. 323.

a) De acordo com o que foi estudado, responda: por que o texto diz que os imigrantes foram enganados por uma propaganda ilusória?

_____
_____
_____
_____

b) Por que milhões de imigrantes abandonaram seu continente e vieram para a América?

_____
_____
_____
_____

c) Interprete o significado da expressão "fazer a América" no texto.

_____
_____

2. Leia a tabela a seguir e responda.

IMIGRAÇÃO PARA O BRASIL – 1850-1889

Decênios	Imigrantes entrados no Brasil	Imigrantes entrados em São Paulo
1850-1859	108 045	6 310
1860-1869	106 187	1 681
1870-1879	203 961	11 730
1880-1889	453 788	183 349
Total	871 981	203 070

Fonte: Heitor Ferreira Lima. História político-econômica e industrial do Brasil. p. 241. In: Ana Luiza Martins. **O império do café**: a grande lavoura no Brasil: 1850 a 1890. p. 72.

a) Em qual decênio entraram menos imigrantes:

I. no Brasil?

_____

II. em São Paulo?

_____

b) Em qual decênio entraram mais imigrantes:

I. no Brasil?

_____

II. em São Paulo?

_____

c) Que atividade econômica impulsionou a entrada de imigrantes no Brasil nesse período?

_____

_____

VOCÊ LEITOR!

O texto a seguir é um relato do imigrante vêneto Luigi Toniazzo, que veio para o Rio Grande do Sul. Leia-o com atenção.

> Como estávamos amontoados naquele navio, meu Deus, quando embarcaram outros passageiros. Naquele bendito vapor éramos mais de duas mil e quinhentas pessoas ocupando a terceira classe, apertados como sardinhas em latas. Não compreendia patavina de quanto falavam aqueles napolitanos e eu, tímido por natureza, não conseguia compreender como havia tido coragem de lançar-me no meio de tantos desconhecidos [...].
>
> Desse modo, muitos descendentes de italianos, entrevistados no Sul, [...] iniciaram os relatos sobre as viagens de seus antecedentes com um "coitado de meu avô" ou "pobre de minha mãe".
>
> Nicolau Sevcenko. **História da vida privada no Brasil**. São Paulo: Companhia das Letras, 1998. p. 240.

a) Como Luigi descreve a viagem da Itália para o Rio Grande do Sul?

_____
_____

b) Por que os netos dos imigrantes do Sul começam o relato sobre a vinda de seus avós com a expressão "coitado de meu avô"?

_____
_____

VOCÊ ESCRITOR!

- Coloque-se no lugar de Luigi e escreva no caderno um parágrafo sobre o que você sentiu durante a viagem para o Brasil.

CAPÍTULO

3 IMIGRANTES: TRABALHO, RESISTÊNCIA E CULTURA

Nas fazendas de café do interior paulista, os colonos chegavam a trabalhar 13 horas por dia. Apesar disso, por vezes, os fazendeiros deixavam de pagar os salários e os submetiam a maus-tratos e humilhações. Diante disso, muitos colonos fugiam da fazenda durante a noite para a cidade mais próxima ou então esperavam terminar o contrato para deixar o campo e ir para a cidade.

Os imigrantes iam para cidades como Araraquara, Campinas e Ribeirão Preto no interior paulista; mas a preferida era a cidade de São Paulo, que, no final do século XIX, recebeu muitos imigrantes. Observe a tabela ao lado:

POPULAÇÃO PAULISTANA ENTRE 1886 E 1900	
1886	48 000
1890	65 000
1893	192 000
1900	240 000

Fonte: Tania Regina de Luca. **Café e modernização**. São Paulo: Atual, 2000. p. 28. (A vida no tempo).

Estação da Luz e obras da linha de bonde. Fotografia de Guilherme Gaensly, São Paulo. SP, 1902.

De 1886 a 1900, ou seja, em 14 anos, o número de habitantes de São Paulo tinha aumentado cinco vezes.

Na cidade de São Paulo, os imigrantes trabalhavam em profissões como alfaiate, sapateiro, afiador de facas e tesouras, pintor, jornaleiro, garrafeiro, vendedor de peixes, frutas, verduras e cereais, e também como operários.

Imigrante trabalhando como amolador de facas e tesouras. Fotografia de Marc Ferrez, século XIX.

Muitos imigrantes foram para a cidade trabalhar como operários, mas houve também uns poucos, como os Matarazzo e os Crespi, que conseguiram montar empresas e enriquecer.

Moinho Matarazzo, na Rua Monsenhor Andrade. São Paulo. SP, cerca de 1900.

OPERÁRIOS E INDÚSTRIAS ENTRE 1889 E 1930

Em 1889, o Brasil deixou de ser uma **Monarquia** e passou a ser uma **República** presidencialista. Durante a Primeira República (1889-1930), com o crescimento da população, aumentou também o consumo de roupas, alimentos etc. E, para atender a essas necessidades, criaram-se indústrias em várias cidades brasileiras, como São Paulo, Rio de Janeiro, Recife e Porto Alegre.

Observe a tabela.

NÚMERO DE INDÚSTRIAS E DE OPERÁRIOS ENTRE 1889 E 1920

Ano	Indústrias	Operários
1889	636	54 000
1907	3 258	149 018
1920	13 336	275 512

Fonte: Maria Auxiliadora Guzzo de Decca. **Indústria, trabalho e cotidiano**: Brasil – 1889-1930. São Paulo: Atual, 1991. p. 24. (História em documentos).

Monarquia: forma de governo em que, geralmente, o rei recebe o cargo como herança e governa por toda a vida.

República: forma de governo em que o presidente é eleito pelos cidadãos, ou seus representantes, e governa por tempo limitado.

Em 1920, em São Paulo, mais da metade dos operários eram estrangeiros, enquanto no Rio de Janeiro eram mais de um terço; a maioria era formada por imigrantes italianos, portugueses e espanhóis.

DIALOGANDO

a) Entre 1907 e 1920, o que ocorreu com o número de indústrias?

b) E com o número de operários, o que ocorreu?

A LUTA DOS OPERÁRIOS

No início do século XX, as fábricas eram mal iluminadas e sem ventilação; os operários trabalhavam de 10 a 16 horas por dia em troca de um salário que mal dava para comprar comida, roupa e pagar o aluguel, além disso, não tinham direito a férias. Mulheres e crianças recebiam um salário bem menor que o dos homens, mesmo exercendo uma atividade igual à deles.

Reagindo a essa situação, brasileiros e imigrantes se uniram para lutar por melhores condições de trabalho e de vida. Os operários formaram **sindicatos** e fizeram **greves** em várias cidades do Brasil. A maior delas aconteceu em 1917 na capital paulista, e se alastrou para o Rio de Janeiro, Paraíba, Minas Gerais e Rio Grande do Sul.

> **Greve:** paralisação do trabalho com objetivo de obter melhores salários e/ou melhores condições de trabalho.
>
> **Sindicato:** associação de trabalhadores que luta por direitos e presta assistência aos seus membros.

Fotografia do interior de uma fábrica de sapatos em Belo Horizonte. MG, cerca de 1935. Note a presença de mulheres e de crianças imigrantes e nativas.

Em São Paulo, para voltar ao trabalho, os operários exigiam: jornada de trabalho de 8 horas e aumentos salariais; abolição do trabalho noturno para mulheres e menores de 18 anos. Os patrões concordaram em aumentar os salários e prometeram não dispensar nenhum grevista. Mas, depois que a greve terminou, demitiram os principais líderes do movimento.

Apesar disso, os operários continuaram lutando e, em 1934, conquistaram direitos trabalhistas como: **jornada de trabalho de 8 horas; descanso semanal remunerado; proteção ao trabalho do menor e da mulher; e férias anuais remuneradas**.

A PRESENÇA DOS IMIGRANTES EM CONSTRUÇÕES, FESTAS E ALIMENTOS

Os europeus que aqui chegaram não vieram apenas com sua força de trabalho; trouxeram também materiais e técnicas de construção, cultura musical, hábitos alimentares, festas e sua fé.

ALEMÃES E ITALIANOS EM SANTA CATARINA

O Vale do Rio Itajaí, em Santa Catarina, foi colonizado por imigrantes europeus, principalmente alemães e italianos.

Blumenau, a maior cidade da região (muito conhecida por suas malhas, cristais e porcelanas), e Pomerode, "a cidade mais alemã do Brasil", são importantes representantes da colonização alemã no Vale. Rodeio e Nova Trento, onde fica o Santuário de Santa Paulina, são exemplos de colonização italiana na região.

Casa construída com a técnica enxaimel em Pomerode. SC, 2012. O enxaimel é uma técnica de construção trazida pelos imigrantes alemães, na qual madeiras encaixadas umas nas outras têm seus vãos preenchidos com tijolos.

Oktoberfest na Rua XV de Novembro em Blumenau. SC, 2015. Em outubro, a cidade é frequentada por milhares de pessoas, que chegam de todo lugar atraídas pela maior festa de cultura alemã fora da Alemanha, com música, comida e trajes típicos alemães.

A COMIDA DOS IMIGRANTES

No Brasil, os colonos procuravam preservar seus valores, como o amor à terra, e seus hábitos alimentares.

No caso dos italianos, os alimentos básicos eram a polenta (fubá, água e uma pitada de sal), os legumes (berinjela e pimentão) e a salada de rúcula, que colhiam na horta plantada por eles mesmos.

Em pouco tempo, os italianos habituaram-se a comer também arroz e feijão à moda brasileira, acompanhados do vinho, da polenta e do *radicchio* (chicória temperada com sal, vinagre e toucinho).

Hoje, os hábitos alimentares dos brasileiros, principalmente em São Paulo e no sul do Brasil, são fortemente marcados pela presença italiana. Aos domingos, mesmo entre as famílias que não descendem de italianos, o prato principal do almoço é, muitas vezes, a macarronada da *mamma*.

Espaguete à bolonhesa.

Pizza, prato originário da Itália e apreciado por muitos brasileiros.

Bruschetta, aperitivo criado na Itália há mais de 500 anos. A receita original leva somente torrada, alho, pimenta, azeite e sal. E, por vezes, tomate e manjericão.

Risoto, prato típico do norte da Itália.

MÚSICA E FUTEBOL

Os italianos e seus descendentes participaram intensamente da vida cultural brasileira. Na música, entre tantos outros artistas, podem-se citar o compositor Adoniran Barbosa e, no gênero romântico, a cantora Mafalda Minnozzi.

Em 1915, imigrantes italianos e seus descendentes fundaram em São Paulo o clube Palestra Italia. Na Segunda Guerra Mundial (1939-1945), o Brasil tornou-se inimigo da Itália e o time foi pressionado pelo governo brasileiro a mudar de nome, passando a se chamar Sociedade Esportiva Palmeiras.

Emblema do antigo Palestra Italia, hoje chamado Sociedade Esportiva Palmeiras.

Adoniran Barbosa (1910-1982), paulista filho de imigrantes italianos.

JAPONESES

Os primeiros japoneses chegaram ao Brasil em 1908 pelo porto de Santos, no navio japonês **Kasato Maru**. Eram ao todo 781 imigrantes e vinham para trabalhar nas lavouras de café de Ribeirão Preto, no interior paulista.

Em 1925, o governo japonês passou a pagar a passagem dos que vinham para o Brasil e, nos dez anos seguintes, cresceu bastante o número de japoneses entrados em nosso país.

Alguns imigrantes japoneses, pouco a pouco, conseguiram comprar um lote de terra. Nele plantavam vários gêneros agrícolas, inclusive alguns trazidos por eles do Japão. Foram os japoneses que introduziram no Brasil o caqui doce e a tangerina poncã. E, mais tarde, o morango e a maçã fuji, entre outras frutas e vegetais.

O Brasil possui hoje a maior comunidade de japoneses fora do Japão. Isso certamente contribuiu para a popularização de comidas japonesas entre nós nos últimos anos.

Comidas de influência japonesa muito consumidas no Brasil, à base de arroz, peixe cru e alga marinha.

MIGRAÇÕES INTERNAS

Migração é o deslocamento de pessoas de um lugar para outro. A palavra significa tanto a entrada em um município, região ou país quanto a saída deles.

Migração interna é o movimento de pessoas dentro de um mesmo país.

A partir dos anos de 1960, por exemplo, muitos brasileiros deixaram o campo e foram para as cidades. Esse deslocamento do campo para a cidade recebe o nome de **êxodo rural**.

Na época, os principais motivos para as pessoas mudarem do campo para a cidade (do meio rural para o meio urbano) foram:

a) A falta de uma terra própria para plantar.

b) A busca por emprego e salário.

c) O desejo de viver em cidades com hospitais, escolas e água tratada.

> **Urbano:** relativo ou pertencente à cidade.
> **Rural:** relativo a ou próprio do campo; situado no campo; agrícola.

Congresso Nacional em construção. Cerca de 1958. Muitos nordestinos deixaram sua terra natal e foram para Brasília trabalhar na construção da cidade, inaugurada em 1960 por Juscelino Kubitschek.

EM BUSCA DE EMPREGO NA INDÚSTRIA

No governo do presidente Juscelino Kubitschek (1956-1960) ocorreu um grande crescimento da industrialização. Essa industrialização gerou muitos empregos; porém, aumentou a desigualdade entre as regiões brasileiras, pois quase todas as indústrias instalaram-se no Sudeste. Em busca de emprego na indústria, milhares de nordestinos e de mineiros (do interior do estado) deixaram sua terra natal e se mudaram para São Paulo, Rio de Janeiro e Belo Horizonte.

Família de migrantes nordestinos chegando a São Paulo. 1960.

DIALOGANDO

- O texto a seguir é um trecho de uma letra de música. Leia-o com atenção.

Paratodos

O meu pai era paulista
Meu avô, pernambucano
O meu bisavô, mineiro
Meu tataravô, baiano
Meu maestro soberano
Foi Antonio Brasileiro

Chico Buarque. Paratodos. Disponível em: <http://www.chicobuarque.com.br/construcao/mestre.asp?pg=paratodo_93.htm>. Acesso em: 28 set. 2017.

Chico Buarque. Fotografia de 2017.

a) Quem é o autor da letra?

b) Que relação se pode estabelecer entre a letra da música e o assunto que estamos estudando? Justifique.

c) Você tem um pai ou avô nascido em outro estado? Em caso afirmativo, qual?

A partir dos anos de 1980, ocorreu no Brasil outro importante movimento migratório. Desta vez, do Sul para o Centro-Oeste e o Norte. Muitos sulistas (rio-grandenses, catarinenses e paranaenses) deixaram sua terra natal e foram para essas regiões em busca de terra para plantar e/ou para criar gado.

A terra nesses estados era relativamente barata, o que atraiu os agricultores e criadores do Sul. A presença de sulistas no Mato Grosso do Sul, Tocantins, Pará, Acre, Rondônia, Roraima e Amapá contribuiu para o crescimento desses estados e para a formação de muitas novas cidades.

Praça dos Girassóis com o Palácio Araguaia, sede do governo do Estado, em Palmas. TO, 2015.

Criador de gado gaúcho em Xapuri. AC, 2015.

Colheita de algodão no Mato Grosso do Sul, 2015.

147

MIGRAÇÕES RECENTES

Para melhor compreender as migrações recentes, vejamos o significado das seguintes palavras:

Emigrante – pessoa que deixa um país para viver em outro.

Imigrante – pessoa que ingressa em um país para viver nele.

Refugiado – pessoa forçada a deixar seu país por motivo de guerra, perseguição ou acidente natural (terremoto, por exemplo).

Nos últimos anos, muitos brasileiros deixaram o Brasil e foram para outros países; isto é, emigraram. Esse é o caso das crianças Clara e Pedro.

Clara e Pedro são irmãos. Ela tem 9 e ele tem 12 anos. Eles eram bem pequenos quando se mudaram para o Texas, nos Estados Unidos. Leia o que eles contam!

[...] "Muitos alunos da minha escola no Texas eram estrangeiros, só falávamos inglês [...]" disse Pedro. Ele e a Clara contaram que quando eles falavam que eram brasileiros, os amigos da escola achavam legal e pediam para eles ensinarem algumas palavras em português. [...]

Celina Cardoso. Eslovênia, EUA, Argentina, Coreia do Sul: garotada diz como é viver em outro país. **BOL Notícias**, 1º ago. 2012. Disponível em: <https://noticias.bol.uol.com.br/entretenimento/2012/08/01/eslovenia-eua-argentina-coreia-do-sul-garotada-diz-como-e-viver-em-outro-pais.jhtm>. Acesso em: 1º out. 2017.

Enquanto Clara e Pedro emigravam para os Estados Unidos, muitos estrangeiros entravam no Brasil. Esse é o caso do sul-coreano Junyoung Choi, que tem 8 anos e hoje mora no Brasil. Vejam o que ele conta:

[...] Junyoung conta que a escola na Coreia do Sul é maior do que a daqui do Brasil. Ele diz que sente falta dos amigos que deixou lá, mas gosta dos colegas brasileiros da mesma forma. "Na Coreia eu gosto muito da comida e aqui no Brasil, eu gosto dos amigos", diz o menino. [...]

Celina Cardoso. Eslovênia, EUA, Argentina, Coreia do Sul: garotada diz como é viver em outro país. **BOL Notícias**, 1º ago. 2012. Disponível em: <https://noticias.bol.uol.com.br/entretenimento/2012/08/01/eslovenia-eua-argentina-coreia-do-sul-garotada-diz-como-e-viver-em-outro-pais.jhtm>. Acesso em: 1º out. 2017.

Nos últimos anos o Brasil também acolheu muitos refugiados. Esse é o caso, por exemplo, da menina Rachel Betty Edmond.

Rachel tem 9 anos e veio do Haiti para o Brasil com a mãe. O pai tinha chegado um ano antes, depois que um terremoto atingiu o país.

Leiam o que ela diz:

[...] "Gosto de brincar e de estudar, quando não tenho lição de casa eu brinco de tabuada, a matéria que mais gosto é matemática". [...]. Da comida ela adora [...] arroz com feijão e brigadeiro. [...]

De seus desejos para o futuro, [...] ela [...] diz: "quero ser médica e morar um pouco no Brasil e um pouco no Haiti". [...]

O Brasil pelos olhos de nove crianças refugiadas que vivem em São Paulo. **G1**, 12 out. 2016. Disponível em: <http://g1.globo.com/sao-paulo/noticia/2016/10/o-brasil-pelos-olhos-de-nove-criancas-refugiadas-que-vivem-em-sao-paulo.html>. Acesso em: 29 set. 2017.

ATIVIDADES

1. Observe com atenção os dados da tabela a seguir.

POPULAÇÃO PAULISTANA ENTRE 1886 E 1900	
1886	48 000
1890	65 000
1893	192 000
1900	240 000

Fonte: Tania Regina de Luca. **Café e modernização**. São Paulo: Atual, 2000. p. 28. (A vida no tempo).

Italianos recém-chegados à Hospedaria dos Imigrantes. São Paulo, c. 1900.

Lendo a tabela, é possível perceber o aumento acelerado da população na cidade de São Paulo entre 1886 e 1900. Esse aumento está diretamente associado:

a) ☐ ao crescimento industrial da cidade.

b) ☐ à entrada de imigrantes russos e japoneses.

c) ☐ à abertura de casas comerciais na cidade.

d) ☐ ao empobrecimento da cidade.

2. Qual foi o principal fator de deslocamento dos imigrantes para o Brasil no final do século XIX e início do XX?

a) ☐ Liberdade para viver em um novo país.

b) ☐ Vontade de conhecer outros povos e culturas.

c) ☐ Possibilidade de adquirir casa própria para a família.

d) ☐ Busca de trabalho e de melhores condições de vida.

3. Entreviste um emigrante.

a) Por que você decidiu se mudar do Brasil?

b) Para que país você emigrou?

c) Quanto tempo permaneceu lá?

d) Você gostou da experiência? Você pode citar um ponto positivo e um ponto negativo?

e) O que estranhou mais: a comida? O clima? O trânsito? Outra coisa?

f) Do que você sentiu mais saudades: da música? Da comida? Das amizades?

4. Entreviste um imigrante.

a) De que país você veio?

b) Quando e por que você veio?

c) Quando você veio já pensava em ficar?

d) Quais comidas são do seu país de origem? Encontrou essas comidas no Brasil?

e) O que você mais estranhou ao chegar ao Brasil?

f) De qual das comidas brasileiras você mais gosta?

g) Você sabe cantar ou dançar músicas de seu país? De quais artistas brasileiros você mais gosta?

VOCÊ LEITOR!

O texto a seguir foi extraído do livro **Meu avô alemão**, de Martin Wille. Leia-o com atenção.

[...] vovó nos chamou para jantar. Na mesa, um prato com pato assado, repolho roxo e bolinho de batata nos esperava.

— Eu preparei *Kartoffelknödel* para você, Max!

— Carto o quê?

— *Kartoffelknödel*! — respondeu ela, achando engraçado. — É um prato típico da Alemanha.

[...] — Eu não sei como fala isso, *Oma*, mas é delicioso!

— Que bom que você gostou, querido. Mas guarde um espaço no estômago para o *Apfelstrudel* com sorvete de baunilha!

— Apifel o quê?

— *Apfelstrudel*! Uma sobremesa deliciosa, feita com massa folhada e maçãs.

— Essa língua é muito difícil, *Oma*.

— É verdade — respondeu ela. — Mas a comida é deliciosa! [...]

— *Oma*, como se diz "obrigado" em alemão?

— *Danke schön*! — respondeu ela.

— *Danke schön, Oma*! — repeti.

— *Bitte schön*. De nada! — disse *Oma*, sorrindo satisfeita.

Martin Wille. **Meu avô alemão**. São Paulo: Panda Books, 2012. p. 15.

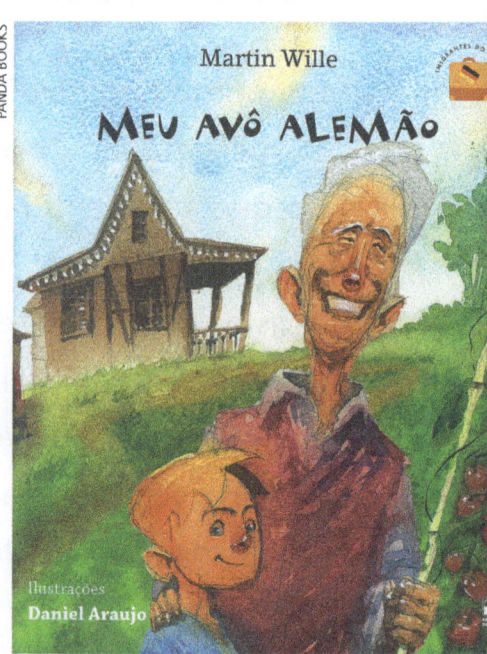

Fac-símile da capa do livro **Meu avô alemão**, de Martin Wille.

1. Quem são os personagens da história?

2. Sobre o que eles conversam?

3. Qual será o significado de *Oma*? Por quê?

4. Você já comeu *Apfelstrudel*? Gostou?

5. Você costuma agradecer quando lhe oferecem uma comida, doce ou sorvete? Acha isso importante?

VOCÊ ESCRITOR!

Entreviste um migrante que veio de outro estado e preencha a ficha a seguir.

Retirantes nordestinos. Artesanato do Alto do Moura, Caruaru.

Nome do migrante	
De que estado você é?	
Quando veio para este estado?	
Por que veio para cá?	
Você morava no campo ou na cidade?	
Que meio de transporte utilizou?	

INTEGRANDO COM... LÍNGUA PORTUGUESA

O texto a seguir é um trecho da história do Sr. Ariosto, um descendente de italianos nascido na Rua Antônio Carlos, cidade de São Paulo.

> [...] Meus pais vieram para cá como imigrantes, deixaram sua família na Europa. Da hospedaria de imigrantes eles já eram tratados para uma fazenda no estado de São Paulo e para lá meu pai foi.
>
> Naquela época não tinha maquinaria, meu pai trabalhava na enxada. Meu pai era de Módena, minha mãe era de Carpi e ficaram muito tempo na roça. Depois a família veio morar nessa travessa da avenida Paulista [...].
>
> A avenida Paulista era bonita, calçamento de paralelepípedos, palacetes. [...] De noite, os "lampioneiros" vinham acender os lampiões e de madrugada voltavam para apagar. Minha rua tinha poucas casas, uma aqui, outra a quinhentos metros. [...].
>
> A mamãe levantava cedinho e acendia o fogão a lenha, depois vinha acordar a gente: "Vamos meus filhos, vamos tomar café!" [...].
>
> Naquela época não existiam brinquedos. [...] Eu fazia carrinhos de rodas de carretel de linha e nós brincávamos o dia todo, livremente, nunca me machuquei porque a rua não tinha carros.
>
> Ecléa Bosi. **Lembranças de velhos**. São Paulo: Companhia das Letras, 1994. p. 154-155.

Módena e Carpi: territórios pertencentes à Itália.

1. Qual das fotos se parece mais com a Av. Paulista descrita pelo Sr. Arioto?

A

B

---

2. Compare a Av. Paulista de quando o Sr. Arioto era criança com essa mesma avenida hoje, preenchendo a ficha.

	Árvores	Tipos de construção	Iluminação	Calçamento
Imagem A	_____	_____	_____	_____
Imagem B	_____	_____	_____	_____

155

OUTRAS LEITURAS

UNIDADE 1
MUDANÇAS E PERMANÊNCIAS

MARCELO: DE HORA EM HORA. RUTH ROCHA. SÃO PAULO: SALAMANDRA, 2013.
O livro vai te ajudar a aprender como ver as horas, além de explicar por que as pessoas dividem o tempo de uma maneira divertida.

A PEDRA MÁGICA DO TEMPO. MARCIA KUPSTAS. SÃO PAULO: FTD, 2007.
Jonas, o personagem principal dessa aventura, é um menino tão apressado que até tem o apelido de "Jonas-não-vejo-a--hora". Certo dia, um mágico aparece para ele e lhe diz que ele pode mudar o que quiser em sua vida. Jonas resolve então mudar o tempo! Embarque nessa aventura com Jonas e aprenda mais sobre o tempo.

UNIDADE 2
CIRCULAÇÃO DE PESSOAS E COMUNICAÇÃO ENTRE ELAS

O TELEFONE DE LATAS. ÉDIMO DE ALMEIDA PEREIRA. SÃO PAULO: PAULINAS, 2008.
Com seu telefone de lata, a menina Luci conseguiu falar com um menino que morava na África, do outro lado do Oceano Atlântico. Junte-se a Luci nessa conversa inesperada e conheça um pouco mais sobre a cultura de outro povo.

FAMÍLIA *ONLINE*. ISABEL VIEIRA. SÃO PAULO: MODERNA, 2009.
As primas Sofia e Olívia vivem em países diferentes e só conseguem se comunicar por meio do computador. Pela internet elas colocam as conversas em dia e, juntas, fazem várias descobertas.

UNIDADE 3
INDÍGENAS, PORTUGUESES E AFRICANOS NA FORMAÇÃO DO BRASIL

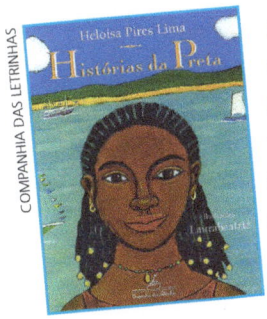

HISTÓRIAS DA PRETA. HELOISA PIRES LIMA. SÃO PAULO: COMPANHIA DAS LETRINHAS, 2006.

Neste livro a escritora Heloisa Pires apresenta a história de diversos povos que foram escravizados e trazidos à força para as terras que hoje compreendem o Brasil. O livro também trata de como esses povos resistiram a essa condição e destaca a importância deles para a cultura brasileira.

UMA AMIZADE (IM)POSSÍVEL – AS AVENTURAS DE PEDRO E AUKÊ NO BRASIL COLONIAL. LILIA MORITZ SCHWARCZ. SÃO PAULO: COMPANHIA DAS LETRINHAS, 2014.

O livro acompanha dois meninos de diferentes realidades, um português e outro indígena, no início da história do Brasil. O encontro desses dois garotos será repleto de descobertas e ajudará você a entender um pouco mais sobre como era o Brasil daquela época.

UNIDADE 4
ABOLIÇÃO E IMIGRAÇÃO

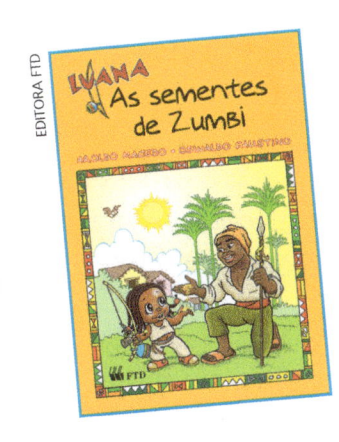

LUANA – AS SEMENTES DE ZUMBI. AROLDO MACEDO. SÃO PAULO: FTD, 2007.

Luana é uma menina negra que vive em um remanescente de quilombo. Mas ela não é uma garota comum. Ela é dona de um berimbau mágico que a leva para o quilombo de Palmares, na época de Zumbi. Acompanhe Luana em sua viagem no tempo, em que ela conhece a rotina de Palmares e entra em contato com seus antepassados.

MEU AVÔ PORTUGUÊS. MANUEL FILHO. SÃO PAULO: PANDA BOOKS, 2010.

Tiago aprende a mesma técnica de pintura de azulejos que seus antepassados portugueses usavam e tem uma surpresa: seus avós, que haviam sido retratados nos azulejos, começam a falar com ele! Por meio dessa conversa fantástica, o garoto aprende sobre a história dos portugueses que vieram para o Brasil.

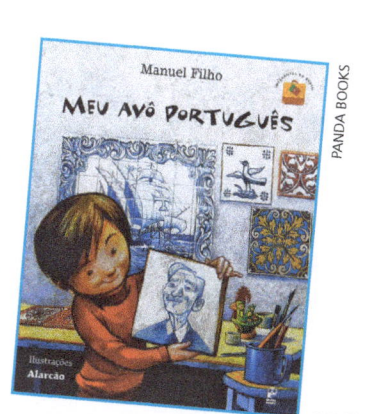

REFERÊNCIAS BIBLIOGRÁFICAS

BENEVOLO, Leonardo. **História da cidade**. São Paulo: Perspectiva, 2015.

BITTENCOURT, Circe. **Ensino de História**: fundamentos e métodos. São Paulo: Cortez, 2012.

BITTENCOURT, Circe (Organizadora). **O saber histórico na sala de aula**. São Paulo: Contexto, 2008.

BRASIL. Ministério da Educação. **Base Nacional Comum Curricular**: terceira versão. Brasília: MEC, 2017.

BRASIL. Ministério da Educação. **Saberes e práticas da inclusão**: avaliação para identificação das necessidades educacionais especiais. Brasília: MEC; Secretaria de Educação Especial, 2006. Disponível em: <http://portal.mec.gov.br/seesp/arquivos/pdf/avaliacao.pdf>. Acesso em: 27 abr. 2017.

CAMPOS, Helena Guimarães. **História e formação para a cidadania**: nos anos iniciais do Ensino Fundamental. São Paulo: Livraria Saraiva, 2012.

FERNANDES, Cláudia de Oliveira; FREITAS, Luiz Carlos. **Indagações sobre currículo**: currículo e avaliação. Brasília: Ministério da Educação; Secretaria de Educação Básica, 2007. Disponível em: <http://portal.mec.gov.br/seb/arquivos/pdf/Ensfund/indag5.pdf>. Acesso em: 26 abr. 2017.

FERMIANO, Maria Belintane; SANTOS, Adriane Santarosa dos. **Ensino de História para o Fundamental I**: teoria e prática. São Paulo: Contexto, 2014.

FONSECA, Selva Guimarães. **Fazer e ensinar História**: anos iniciais do Ensino Fundamental. Belo Horizonte: Dimensão, 2015.

HIPOLIDE, Marcia. **O ensino de História nos anos iniciais do Ensino Fundamental**. São Paulo: Companhia Editora Nacional, 2011.

HOFFMANN, Jussara. **Avaliação mediadora**: uma prática em construção da pré-escola à universidade. Porto Alegre: Mediação, 2005.

HOFFMANN, Jussara. **Avaliação**: uma perspectiva construtivista. Porto Alegre: Mediação, 2003.

HORTA, Maria de Lourdes Parreiras; GRUNBERG, Evelina; MONTEIRO, Adriane Queiroz. **Guia básico de educação patrimonial**. Brasília, DF: Iphan; Museu Imperial, 1999.

IPHAN. **Patrimônio material e imaterial**. Disponível em: <http://portal.iphan.gov.br/pagina/detalhes/276>. Acesso em: 7 dez. 2017.

HUNT, Lynn. **A invenção dos direitos humanos**: uma história. São Paulo: Companhia das Letras, 2009.

KARNAL, Leandro (Organizador). **História na sala de aula**: conceitos, práticas e propostas. São Paulo: Contexto, 2003.

LE GOFF, Jacques. **Por amor às cidades**: conversações com Jean Lebrun. São Paulo: Fundação Editora da UNESP, 1988.

LUCKESI, Cipriano Carlos. **Avaliação da aprendizagem escolar**: estudos e proposições. São Paulo: Cortez, 2011.

NOVA ESCOLA. **A avaliação deve orientar a aprendizagem**. Disponível em: <https://novaescola.org.br/conteudo/356/a-avaliacao-deve-orientar-a-aprendizagem>. Acesso em: 26 abr. 2017.

PINSKY, Jaime; PINSKY, Carla Bassanezi (Organizadores). **História da cidadania**. São Paulo: Contexto, 2010.

RODRIGUES, Marly. De quem é o patrimônio? **Revista do Patrimônio Histórico Artístico Nacional**, n. 24, 1996.

SOBANSKI, Adriane de Quadros. **Ensinar e aprender História**: histórias em quadrinhos e canções. Curitiba: Base Editorial, 2010.

SOARES, Magda. **Alfabetização e Letramento**. Curitiba: Base Editorial, 2010. São Paulo: Contexto, 2017.

VÍDEOS

AVALIAÇÃO: caminhos para a aprendizagem. Vídeo 01. Produção: Sesc-Senac. 29 abr. 2015. Vídeo (14min45s). Disponível em: <https://www.youtube.com/watch?v=ln7pcf1Th3M>. Acesso em: 8 mar. 2018.

RESGATE e valorização de espaços culturais (Patrimônio Histórico). Produção: TV e Rádio Unisinos. 14 jul. 2015. Vídeo (30min). Disponível em: <https://www.youtube.com/watch?v=39W6IyuCSmw>. Acesso em: 28 mar. 2018.

MATERIAL COMPLEMENTAR – MAPAS

BRASIL (POLÍTICO)

Fonte: MEU 1º ATLAS. 4. ed. Rio de Janeiro: IBGE, 2012. p. 98.

PLANISFÉRIO (POLÍTICO)

1. Andorra
2. Albânia
3. Azerbaijão
4. Bósnia-Herzegovina
5. República Tcheca
6. Liechtenstein
7. Hungria
8. Croácia
9. São Cristóvão e Nevis
10. Luxemburgo
11. Mônaco
12. Macedônia
13. Países Baixos
14. Federação Russa
15. Eslováquia
16. Eslovênia
17. Emirados Árabes Unidos
18. Vaticano

Fonte: ATLAS geográfico escolar. 6. ed. Rio de Janeiro: IBGE, 2012. p. 32.

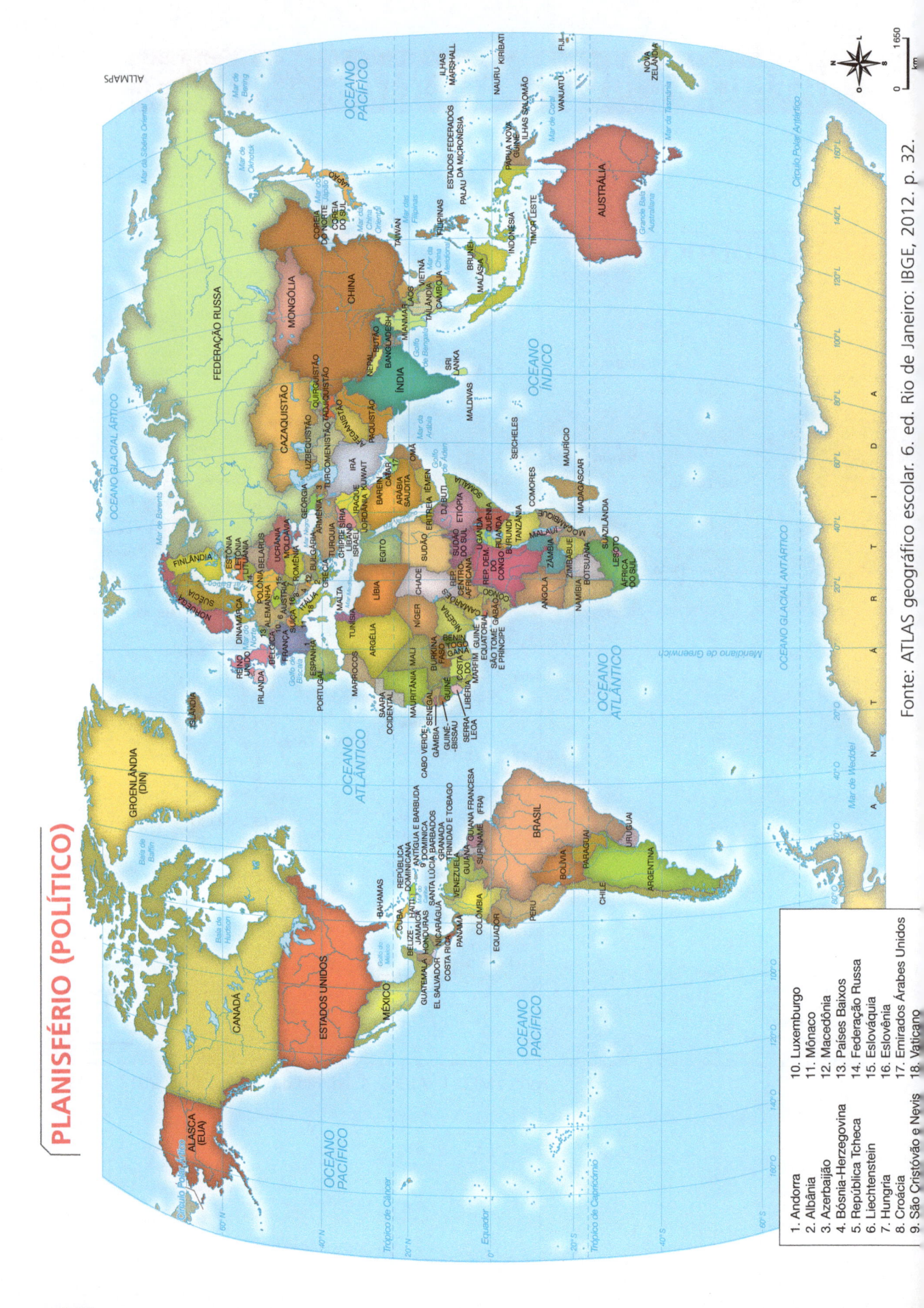

160